体と心がよろこぶ

缶詰「健康」レシピ

管理栄養士
今泉マユ子

清流出版

はじめに

みなさまは、缶詰についてどんな印象をお持ちでしょうか？

「手軽で簡単、便利」「買い物ができないときに助かる」といった印象の一方で、「非常時に仕方なく食べるもの」、「なんだか、体に悪そう」など、少しネガティブなイメージをお持ちの方もいるかもしれません。でも、実は、それは大きな誤解なのです。缶詰は栄養価に優れた優秀な食品だということを、まずはじめに知っていただきたいと思います。

缶詰は、旬の時期に採れた鮮度の高い食材を詰め込んでいます。おいしい状態のまま、食べられる部分だけを選んで詰めていて、密封する前に中の空気を完全に取り、その後、缶ごと加熱・殺菌されるので、保存料や殺菌剤などを使う必要がありません。空気を遮断した真空状態で加熱するため、栄養成分が家庭で調理するときよりも劣るということがなく、むしろ優れた物もたくさんあります。そのうえ、長期保存が可能なのですから、実は、缶詰はいいことずくめの食材なのです。

私は、市場に出回る缶詰を実際に食べ比べ、研究を重ねてきました。本書では、塩分が比較的少なく、おいしく調理できる缶詰を厳選し、レシピにはメーカー名を指定して記載しています。また、みなさまの健康に対しての意識の高まりにお応えすべく、栄養成分を計算し掲載しました。

私が二十二歳で管理栄養士になってから、早いもので二十三年が経ちました。人生の半分以上を管理栄養士として過ごしたことになります。その間、大手企業の社員食堂、病院、保育園と、さまざまな現場で皆様の健康づくりのお手伝いをしてまいりました。長年の経験から、体の健康、心の健康のために、毎日の食事がとても大切だということを実感しています。

「料理をする時間がない」「料理が苦手」とおっしゃる方にもつくっていただけるように、簡単でおいしく、そして健康になることを念頭に、心をこめてレシピを作りました。

本書が、みなさまのお役に立てたら、これほど嬉しいことはありません。

撮影／中川真理子
ブックデザイン／深山典子
編集協力／草野恵子
備前焼（器）提供／戸川博之

体と心がよろこぶ
缶詰「健康」レシピ

目次

目次

3 さんま缶レシピ

4 ツナ缶レシピ

目次

目次

COLUMN コラム

缶詰は超優良食品

日本で最初に缶詰がつくられたのは、一八七一年のこと。長崎の地で、実業家の松田雅典がフランス人教師の指導により、いわしの油漬缶詰を試作したのが始まりと言われています。それから一四〇年以上が経ちますが、缶詰の技術はつねに進化をとげています。あらためて、缶詰の利点をまとめてみました。

●安心&安全な缶詰

旬の時期に採れた食材を詰めて、缶ごと加熱・殺菌をして缶詰はつくられ、密封しているので、保存料や殺菌剤などを使う必要がありません。また、缶詰の中では酸化が起きないので、食材が腐ることもありません。

●調味料いらずの缶詰

塩焼きや蒲焼きなどあらかじめ味付けしてあるものはもちろん、水煮でもほどよい塩味がついているので、料理の具材として使う場合、追加の調味料がほとんどいりません。ということは、料理の初心者でも失敗しにくいということ。誰でも簡単に味を決められます。

●省エネ&エコロジーな缶詰

案外忘れがちな事実ですが、すでに調理されている缶詰は、具材に火が通っているかどうかの心配をする必要はありません。ですから、電気、ガスなどを使用する時間が短く、光熱費が抑えられるというわけ。実は、省エネにもぴったりなのが缶詰なのです。また、缶詰に使われるスチール缶やアルミ缶は、リサイクルも盛ん。そういった意味でも、缶詰は省エネ&エコロジーな食材だと言えるのです。

●非常時にも頼りになる缶詰

缶詰は非常時の「防災食」としても優れています。缶はそのまま火にかけられますから、カセットコンロなどがあれば温めて食べることも十分可能です。防災食として缶詰とカセットコンロをセットで保管しておけば、ライフラインが途切れた際も安心です。

一口に缶詰といっても、さまざまな種類があります。いわしやさんま、アサリ、ホタテなどの水産缶詰のほか、大豆、スイートコーンなどの豆類や野菜をパックした缶詰、コンビーフや焼き鳥など肉類を缶詰にしたもの、そして、みかんやももなどの果物を原料にシロップ漬けした缶詰など。本書では、水産の缶詰を筆頭に、肉類、豆、コーンなどの缶詰を使い、おいしく健康的にいただけるメニューをつくりました。

●水産缶詰の利点

水産の缶詰のよさは、魚に多く含まれるＤＨＡ（ドコサヘキサエン酸）やＥＰＡ（エイコサペンタエン酸）などの栄養素を損ねることなく、生の魚と同程度で含まれているということ。さらに、骨までやわらかく食べられるので、カルシウムも効率的に摂ることができます。骨がやわらかい理由は、缶詰の製造過程で缶ごと加熱するからなのですが、ご家庭で同じようにやわらかくするのは、とても手間がかかってしまいます。

また、通常、生の魚を買ってきて調理する場合、頭や内臓などを取り除く必要があり、だいたい30〜50％は廃棄することになりますよね。調理に手間がかかるうえに、廃棄後もにおいなどが気になってしまうため魚を調理することに二の足を踏んでいる方も多いはず。そんな方におすすめなのが、水産の缶詰なのです。

●豆・野菜缶詰の利点

スーパーマーケットの缶詰の棚を観察すると、さまざまな野菜や豆の缶詰が並んでいることに気づきます。おなじみのトマトはもちろん、グリーンピース、スイートコーン、大豆、ミックスビーンズ、マッシュルームなどなど。これらの缶詰は、旬の時期に採れたての野菜を詰め込んでいるので、おいしく、素材の栄養そのままで使うことができます。

最近ではドライパックの缶詰が増えています。ドライパックとは、缶の中の空気を瞬時に抜いて高真空状態にしてつくられるもの。開けるときに、少し大きな「パコン！」という音がするので、びっくりされた方もいるかもしれません。水煮に比べて長時間煮ることがないドライパックは、素材本来の旨味が溶け出さず、歯ごたえもよくおいしくいただけます。本書では、ひじき（68ページ）とミックスビーンズ（114ページ）のドライパックを活用しています。

缶詰の使い方ポイント

　缶詰を食材として活用するうえで、知っておくと便利なポイントをまとめました。この基本をおさえておけば、効率よく缶詰を使った料理ができます！

●本書で取り上げた缶の汁は、コーン・ホール、マッシュルーム、銀杏《ぎんなん》、たけのこ水煮以外は、すべて使えます。汁には、素材のうまみや栄養分が凝縮されているので、優れた出汁となります。

●味付きの缶はもちろん、水煮の缶詰などにもほどよい塩味がついているので、追加の調味料はなるべく使わず、味が足りないときだけ、様子を見ながら追加していきましょう。

●すでに調理されている缶詰は、なるべく料理行程の最後に入れたほうがおいしく仕上がります。火を通していない食材と同じタイミングで加熱調理してしまうと、缶詰の具材だけ火が入りすぎてしまい、身が崩れてしまったり、味がぼやけてしまいます。

●一度開けた缶詰の中身をすべて使い切れない場合は、別の容器に移し替えて冷蔵庫で保管し、なるべく早めに使いきりましょう。

●最近は缶切り不要で簡単に開けられる缶詰が増えていて、とても便利。でも、中身を取り出す際に、直接指を使うのはＮＧです。缶詰のふちは鋭いので、切り口で思わぬ怪我をしてしまうことも。必ずスプーンなどを使って、中身を取り出すようにしてください。

最近よく見かけるシリコン製のスプーンを使えば、中身をきれいに取り出すことができます。

本書では……

●缶詰1缶を（なるべく）使いきるため、レシピによって、1人分、2人分の材料を記載しています。

●分量や調理時間の表記は、あくまでも目安として、お好みに合わせて加減してください。

●電子レンジは500ワットを使用しています。電子レンジ、オーブントースターのワット数は、メーカーや種類により違いがありますので、様子を見ながら加減してください。

●計量は、大さじ1＝15㎖、小さじ1＝5㎖、1カップ＝200㎖、一合＝180㎖です。

●本書の栄養成分の表示は、「五訂増補日本食品標準成分表」、各メーカーのデータを合わせて算出しています。各レシピの栄養表示は、1人分の数値です。

●魚の缶詰の栄養価は、季節によって幅があります。

●おろし生姜やおろしにんにくなどは、チューブ入りのものが保存に便利でしょう。

●ほうれん草、ごぼう、里芋、かぼちゃ、アボカドなどの野菜果物類は、便利な冷凍食品を活用してもOKです。

●レモン汁は、レモン果汁で代用できます。

●掲載している以外の缶詰を使用する場合は、メーカーごとに内容量や味（塩分）が違いますので、味を確認しながらつくってください。

1

さば缶レシピ

さばは善玉コレステロールを増やし、
血液をサラサラにする効果のある
高度不飽和脂肪酸のＥＰＡ（エイコサペンタエン酸）と
ＤＨＡ（ドコサヘキサエン酸）が豊富に含まれています。
そのため血栓や動脈硬化が原因の脳梗塞や
心筋梗塞を予防します。
またカルシウムの吸収を助けて
骨や歯を丈夫にし、骨粗しょう症や老化を
防いでくれるビタミンＤも豊富に含まれています。

レンジでチンするだけで出来上がり

さばと豆腐のこくまろ煮

体を芯から温めて、「風邪」を撃退

〈材料〉2人分

マルハさばみそ煮……1缶(190g)
木綿豆腐……1丁(200g)
かぼちゃ……中1/16 個(100g)
長ネギ……中2/3 本(60g)
オリーブオイル……少々

マルハさばみそ煮缶　1缶分

エネルギー	296Kcal
タンパク質	22.5g
脂質	10〜16.9g
炭水化物	19.1g
食塩相当量	0.9g

〈作り方〉

❶ 豆腐を水切りし一口大に切る。かぼちゃは5mm のスライス、長ネギは 2 〜3cm の長さの斜め切りにする。

❷ 深めの耐熱容器に❶とさばみそ煮を缶汁ごと入れる。

❸ ラップをして電子レンジで6分加熱する(さばが破裂することがあるので必ずラップをする)。かぼちゃが硬い場合は、必要に応じて加熱時間を増やす。

❹ 出来上がったらオリーブオイルを回しかける。

＊味が薄いと感じたら、すだち酢、かぼす酢、米酢などをかけてお召し上がりください。

健康レシピPOINT

● 風邪気味のときは、免疫機能を高めるために、良質のタンパク質とビタミンA、ビタミンＢ群、ビタミンＣを摂りましょう。オリーブオイルはビタミンＡの吸収を促し、粘膜を保護する働きがあります。

● 木綿豆腐は、絹豆腐よりもカルシウムと鉄分量が多いので、おすすめです。

コクのあるみそ味で、ご飯がすすむ

さばの里芋 みそ炒め

水分、適度な油、食物繊維で、「便秘」を解消

〈材料〉2人分

マルハさばみそ煮……1缶(190g)
里芋……2個(100g)
にんじん……中1/4本(50g)
しめじ……1/2パック(50g)
オクラ……6本
ごま油……小さじ1

オクラはカットせずに丸ごと炒めたほうが、シャキシャキの食感が味わえます

エネルギー	245Kcal
タンパク質	17.1g
脂質	8.4～15.3g
炭水化物	19.7g
食塩相当量	1.0g

〈作り方〉

❶ 里芋とにんじんは皮をむいて4cmの短冊切りにする。しめじは石づきを取り、房に分けておく。オクラはガクを切り落とし、塩少々(分量外)でこすり水洗いし水気を拭いておく。

❷ フライパンにごま油を熱し、❶の野菜をじっくり炒める。野菜に火が通ったらさばみそ煮を缶汁ごと加える。

健康レシピPOINT

● 便秘のときには「水溶性」と「不溶性」の食物繊維をバランス良く摂ることが大切です。

● イモ類、穀類、豆に含まれる「不溶性食物繊維」は便のカサを増すことで腸を刺激し、腸の蠕動《ぜんどう》運動を促して排便を起こしやすくします。「水溶性食物繊維」は、便の水分を増やし柔らかくします。にんじん、きのこ、オクラ、かぼちゃ、果物などに含まれています。

＊重い便秘の方は、不溶性食物繊維を食べすぎると、お腹が張り痛みを感じることがあるので、注意してください。

缶汁にマヨネーズをちょい足しで、味付け完了

さばじゃがパン粉焼き

さば＋じゃがいも＋トマト、アミノ酸で「疲労回復」

〈材料〉2人分

マルハさば水煮月花……1缶（200g）
トマト……小1個（100g）
じゃがいも……2個（200g）
玉ねぎ……小1個（100g）
マヨネーズ……大さじ2
パン粉……大さじ2
粉チーズ……大さじ1
オリーブオイル……少々
（お好みで）ドライパセリ……適量

マルハさば水煮月花缶 1缶分

さば缶には塩が加えられているので、
味付けはマヨネーズで和えるだけ

〈作り方〉

❶ じゃがいもは皮をむいて芽を取り除き薄切りにし、ラップをふわっとかけて電子レンジで4分加熱して柔らかくしておく。トマトは輪切り、玉ねぎはみじん切りにする。

❷ さば水煮は缶汁ごとボウルに入れて、玉ねぎとマヨネーズを加えてほぐしながら、味がからむようによく混ぜる。

❸ 別の容器でパン粉と粉チーズを混ぜておく。

❹ 耐熱容器にじゃがいもを並べ、その上に❷をのせてからトマトを重ねる。トマトの上に❸をかけて、最後にオリーブオイルをかけ、トースターで焦げ目がつくまで焼く。お好みでドライパセリを振りかける。

エネルギー	371Kcal
タンパク質	18.2g
脂質	23.2g
炭水化物	26.6g
食塩相当量	1.4g

健康レシピPOINT

● 疲れにくい体をつくるために必要な栄養素は、タンパク質の一部であるアミノ酸。アミノ酸がバランスがよく含まれるさば、じゃがいも、トマトのトリプルで、疲れにくい体をつくりましょう。

サバとパンの意外なハーモニー

サバカレーのオープンサンド

カルシウムたっぷりのチーズをはさんで、
「骨粗しょう症」予防

〈材料〉　バゲット8切～10切分

マルハさば水煮月花……1缶（200g）
玉ねぎ……小1/2個（50g）
マヨネーズ……大さじ2
カレー粉……小さじ2
お好きなパン……適量
スライスチーズ……適量（4～5枚）
バジルの葉……適量（8～10枚）

〈作り方〉

❶ 玉ねぎはみじん切りにし水気を切る。
❷ さば水煮は汁気を切り、みじん切りにした玉ねぎ、マヨネーズ、カレー粉を混ぜ合わせる。
❸ お好きなパンを軽くトーストして、パンの大きさにあわせたスライスチーズをのせ、その上に❷をのせる。
❹ バジルの葉を飾る。
＊具材とパンの間にスライスチーズをはさむことで、水分によるパンの湿り気を防ぐことができます。

健康レシピPOINT

● DHA、EPAが豊富なさば缶は、血の巡りをよくし、骨ごと食べられるさばと、カルシウムの吸収のよいチーズを一緒に食べることで骨粗しょう症予防になります。
● さらに、カルシウムの吸収を促してくれるビタミンDとビタミンKが豊富なバジルを加えると、いっそう効果的です。バジルのかわりに、パセリやチャービル（セルフィーユ）などを使っても。

エネルギー	274Kcal
タンパク質	16.2g
脂質	22.4g
炭水化物	25.4g
食塩相当量	1.7g

※材料を4人分とし、1人分8枚切りの食パン1枚分（約50g）で計算しています。

混ぜるだけ！ ビタミンがたっぷり摂れる

さば春菊サラダ

血流の低下が招く「目の下のくま」が気になるときに

〈材料〉2人分

あけぼのさば照焼……1缶(100g)
春菊……1/3束(30g)
レタス……葉1枚(30g)
プチトマト……3個
オリーブオイル……小さじ1
レモン汁……小さじ1/2

あけぼのさば照焼缶 1缶分

エネルギー	238Kcal
タンパク質	20.4g
脂質	10.5g
炭水化物	15.1g
食塩相当量	1.5g

〈作り方〉

❶ 春菊とレタスは洗って水気を切り、食べやすい大きさに手でちぎる。プチトマトはヘタを取り半分に切る。

❷ ボウルに❶と、さば照焼を缶汁ごと入れ、軽くほぐしながら混ぜる。

❸ オリーブオイルとレモン汁をかけて混ぜ合わせる。

＊さば照焼缶には味がついているので、オリーブオイルとレモン汁をプラスするだけで十分です。

健康レシピPOINT

● さば缶は、血行を促進するビタミンEも含まれるので、目の下のくまが気になるときにおすすめです。

● 春菊に多く含まれるβカロテンは抗酸化作用により活性酸素の働きを抑制し、肌の老化を防ぐ美容効果もあります。ビタミンAの吸収を促すオリーブオイルとレモン汁も一緒に摂ることでさらに効果が上がります。

どんぶりのたれは、さば照焼缶の汁

アボカド&ベビーリーフさば丼

血行をよくして「美肌」をゲット

〈材料〉１人分

あけぼのさば照焼……１缶(100g)
アボカド……1/4個(正味50g)
おろしにんにく……小さじ1/2
醤油……・小さじ1/2
ベビーリーフ(ルッコラ)……10g
ご飯……茶碗１杯分(180g)
白ごま……小さじ1/2

最近は、保存に便利な角切りされている冷凍アボカドが市販されています

エネルギー	562Kcal
タンパク質	25.1g
脂質	16.0g
炭水化物	77.6g
食塩相当量	1.9g

〈作り方〉

❶ ベビーリーフは洗って水気をよく切る。アボカドは種を取って皮を剥き、果肉をボウルに入れてスプーンなどで潰し、おろしにんにくと醤油で味を調える。

❷ ご飯に、さば照焼缶の缶汁をかけてからさばを盛り、ベビーリーフとアボカドを添えて白ごまをかける。

＊ご飯を酢飯にしても、さっぱりして美味しくいただけます。

健康レシピPOINT

● アボカドとさばは不飽和脂肪酸を多く含む食品で、これには動脈硬化を防ぐ働きがあるので、血の巡りがよくなり美肌効果があります。

● ベビーリーフはβ-カロテン、ビタミンE、K、Cが豊富に含まれ、さらにマグネシウムやリン、鉄といったミネラルも含んでいます。さばと一緒に食べることで、肌荒れの改善や、風邪予防、疲労回復などに効果を発揮します。

● さらに、にんにくの持つ高い抗酸化力によって、アンチエイジング効果がのぞめます。

COLUMN

管理栄養士として、妻として、母として、毎日の食事を大切にしたい

私は高校生の娘と小学生の息子を持つ家庭の主婦です。主人は朝早く会社に向かい、残業で夜遅く帰宅することがほとんど。どんなに帰りが遅くなっても、必ず家で夕食を摂ります。私には、生活時間がそれぞれ違う家族の健康を、24 時間守る大切な役目があると感じています。

管理栄養士としての立場で考えると、食事のバランスや献立をきちんと考えるべきなのでしょうが、家庭の主婦はとにかく忙しい。世のお母様方の気持ちは身をもって知っているつもりです。

ですから、お引き受けした講座や講演では、「頑張りすぎないで」とお伝えしています。「こうするべき」と正論ばかり言うと「一生懸命、頑張っているのに、もっと頑張らないといけないの?」と辛くなってしまいますよね。そんな気持ちに寄り添うために、私ができることは、なるべく簡単につくれて、おいしいレシピをつくることだと思っています。

現在、私は、企業の健康アドバイザー、レシピ開発、缶詰の監修などに関わらせていただきながら、食育、災害食・防災食、生活習慣病予防、認知症予防の食事に力を入れて活動を行っています。

今こうしてやりたいことができるのは、すべて家族のおかげ。家族に喜んでもらうために、毎日の食事を大切にしたいと思っています。

2

いわし缶レシピ

いわしは、良質のタンパク質を含み、
アトピー性皮膚炎や花粉症にも効果があると
言われているEPAと、コレステロールを抑制し、
脳細胞の発達を促すDHAが豊富に含まれています。
青魚の中ではカルシウムの量が多く、
豊富に含まれるビタミンDと結びついて
丈夫な骨をつくります。
さらにコエンザイムQ10やビタミンB群が
豊富に含まれているので、アンチエイジングや
美肌効果が期待できるでしょう。

トマト味のドレッシングでコクがアップ

いわしのカマンベールチーズサラダ

タンパク質とカルシウムを摂って、「イライラ」を解消

〈材料〉2人分

あけぼのいわしトマト煮……1缶(100g)
カマンベールチーズ……1/2個(50g)
きゅうり……中1/3本(30g)
プチトマト……4個
ホワイトマッシュルーム……2個

A	缶汁……大さじ1
	オリーブオイル……小さじ1
	レモン汁……小さじ1
	塩・こしょう……少々

あけぼのいわしトマト煮缶 1缶分

エネルギー	205Kcal
タンパク質	13.2g
脂質	15.0g
炭水化物	4.7g
食塩相当量	1.0g

〈作り方〉

❶ いわしトマト煮缶は身と缶汁に分ける(缶汁は調味料として使用)。カマンベールチーズは1cm角に切る。きゅうりは小口切りにし塩(分量外)もみして水気を軽く絞る。プチトマトはへたを取り半分に切る。

❷ ホワイトマッシュルームをスライスし、酸化による変色を防ぐため、切り口にレモン汁(分量外)を振りかける。

❸ ボウルにAを入れてよく混ぜ、その中に食材の❶❷を入れて和える。

＊ホワイトマッシュルームは鮮度のよいものであれば生食が可能ですが、ほかのきのこで代用する場合は加熱してください。

健康レシピPOINT

● いわしやカマンベールチーズは良質のタンパク質源で、カルシウムが豊富に含まれています。カルシウムは神経興奮の抑制などにも関わります。カルシウムの欠乏によって神経過敏となり、イライラしたり怒りっぽくなることがあるので、意識して摂るようにしましょう。

● カルシウムの吸収を促進してくれるビタミンDが豊富なきのこを一緒に摂ると、より効果的です。

ローカロリーだからヘルシー

いわしのトマトハンバーグ

たけのこと卵を加えて、「脳の働き」を活性化

〈材料〉2人分

あけぼのいわしトマト煮……1缶(100g)
玉ねぎ……小1/2個(50g)
たけのこ水煮……50g
大葉……5枚
卵……1個(50g)
パン粉……大さじ2
塩・こしょう……少々
オリーブオイル……少々
付け合わせの野菜(温野菜)……適量

〈作り方〉

❶ 玉ねぎはみじん切りにし、水気を切る。たけのこ水煮は5mm角切り、大葉はみじん切りにし、卵は溶いておく。

❷ いわしトマト煮は身と缶汁を分けておく(汁はソースとして使用)。

❸ ボウルにいわしトマト煮と、玉ねぎ、たけのこ、大葉、溶き卵、パン粉、塩・こしょうを少々入れてよく混ぜ、2等分して小判型に成型する。

❹ フライパンにオリーブオイルを熱して、❷を焼き、裏返してから蓋をしてじっくり中まで火を通す。

❺ 焼き上がったら、付け合わせの野菜を添えて器に盛り、先に分けておいたいわしトマト煮缶の汁をソースとしてかけて出来上がり。

エネルギー	168Kcal
タンパク質	17.1g
脂質	9.3g
炭水化物	8.8g
食塩相当量	0.7g

健康レシピPOINT

● いわし缶に豊富に含まれるDHAは、脳を活性化し、学習能力をアップさせる効果があります。

● 記憶力を高めると言われているレシチンを多く含む卵と、脳の神経伝達物質の合成にかかせないチロシンを多く含むたけのこを加えているので、成長期のお子様にもおすすめのレシピです。

見た目も華やか、栄養満点

いわしとほうれん草の巣ごもりたまご

鉄分補給で、女性の大敵「貧血」予防

〈材料〉1人分

あけぼのいわしトマト煮……1缶(100g)
ほうれん草……3株(60g)
卵……1個(50g)
オリーブオイル……小さじ1

〈作り方〉

❶ ほうれん草は色よくゆで、水気を切り食べやすい大きさ(4cm)に切る。

❷ 耐熱容器にいわしトマト煮を缶汁ごと入れ、身を軽くほぐして並べる。その上にほうれん草をのせてから、中央をくぼませ、卵を割り入れて、オリーブオイルをかけてオーブントースターで5分焼く。

＊ほうれん草は食べやすいサイズにカットしてある冷凍食品を使っても。

エネルギー	324Kcal
タンパク質	22.3g
脂質	22.9g
炭水化物	6.0g
食塩相当量	1.2g

健康レシピPOINT

● いわしと卵には鉄分が多く含まれているので、貧血予防のためにもぜひ摂ってほしい食品です。

● ほうれん草にも鉄分が多く含まれていますが、野菜の鉄分は体内での吸収が悪いので、吸収を助けてくれるビタミンCと一緒に摂るといいでしょう。食後のデザートに、ビタミンCが豊富な柑橘類を食べることもおすすめします。

野菜に蒲焼のまろやかな甘味がしみこむ

いわしと大根とアスパラの煮もの

血行をよくして、「腰痛・肩こり」を改善

〈材料〉 1人分

マルハいわし蒲焼……1缶(100g)
大根……直径8cmのもので厚さ3cm(100g)
アスパラガス……2本(40g)
おろし生姜……小さじ1/2
めんつゆ(3倍希釈)……小さじ1/2
水……1/2カップ(100ml)
(お好みで)七味唐辛子(山椒)……適量

マルハいわし蒲焼缶 1缶分

エネルギー	249Kcal
タンパク質	18.9g
脂質	12.7g
炭水化物	15.6g
食塩相当量	1.5g

〈作り方〉

❶ 大根は皮をむき4cmの短冊切りにする。アスパラガスは根元を切り落とし、下のほうのかたい皮をむき、斜め切りにする。

❷ 鍋に水1/2カップ、めんつゆ、大根、アスパラガスを入れ、蓋をして弱火で大根が柔らかくなるまで煮る。

❸ ❷の鍋にいわし蒲焼を缶汁ごと加え、おろし生姜も加えて5分煮る。

❹ 器に盛り、お好みで七味唐辛子(山椒)をかける。

＊アスパラガスを色よく仕上げるには、下ゆでをしてから、❸に加えてください。

健康レシピPOINT

● いわしには血行を促進するEPAが豊富に含まれているので、筋肉の緊張を緩和し、腰痛、肩こり改善に効果を発揮します。

● 大根に含まれるイソチオシアネートは抗酸化作用、疲労回復効果があります。

● アスパラガスのアスパラギン酸は、新陳代謝を促し、疲労回復やスタミナ増強に効果があります。タンパク質、糖質、β-カロテン、ビタミンC、Eも豊富に含まれているので、冷え性の改善や疲労回復に効きます。

甘辛い蒲焼きと酢飯の相性ぴったり

いわしの蒲焼き寿司

クエン酸プラスで、「夏バテ」解消

〈材料〉2人分・6個

マルハいわし蒲焼……1缶(100g)
きゅうり……中1/5本(20g)
大葉……3枚
ご飯……茶碗1杯分(180g)
生姜の甘酢漬け……20g＋漬け汁少々
焼き海苔……2〜3cm幅を6枚

生姜の甘酢漬けを使えば、寿司酢を作る手間がはぶけます

エネルギー	269Kcal
タンパク質	13.4g
脂質	6.9g
炭水化物	39.4g
食塩相当量	1.0g

〈作り方〉

❶ いわし蒲焼は缶汁を切り、きゅうりは5cmの千切り、大葉は半分に切り、生姜の甘酢漬けはみじん切りにする。

❷ ご飯に生姜の甘酢漬けと漬け汁を少々混ぜて6等分にして、にぎり寿司の要領でご飯を握る。その上に大葉、きゅうり、いわしの順に載せる。

❸ のりを巻いてできあがり。

健康レシピPOINT

● 疲労物質である乳酸は主に肉体疲労から生じますが、糖質のエネルギー代謝が滞ったときにもつくられます。例えば暑い夏に、食べやすさから糖質を多く含むそうめんばかり食べると乳酸が溜まってしまいます。

● その乳酸を分解してくれるのがクエン酸です。酢や梅干し、レモンや柑橘類に多く含まれているので、とくに夏場の暑いときには積極的に摂りたい食品です。

いわしの旨みと蒲焼のたれが、ごはんにしみこむ

いわしの炊き込みごはん

すっきりしない「便秘」に効く!

〈材料〉2人分

マルハいわし蒲焼……1缶(100g)
米……1合(180cc)
にんじん……中1/5本(30g)
ごぼう……中1/5本(30g)
板こんにゃく……1/5枚(50g)
おろし生姜……小さじ1/2
(お好みで)わけぎ……適量

炊飯時間は、通常の白米を炊くのと同じ時間で問題ありません

エネルギー	270Kcal
タンパク質	11.6g
脂質	6.7g
炭水化物	40.0g
食塩相当量	0.6g

〈作り方〉

❶ 米を洗ったら、炊飯器の内がまの1合の目盛りまで水を入れて、30分浸水させる。

❷ にんじんとごぼうは皮をきれいに洗って千切りにする。こんにゃくは拍子切りにして下ゆでしておく。

❸ 炊飯器に❷の具材とおろし生姜、いわし蒲焼を缶汁ごと加えて軽くほぐしながら混ぜて炊飯する。

❹ お好みで小口切りのわけぎを添える。

健康レシピPOINT

● 便秘気味のときには不溶性食物繊維と水溶性食物繊維をバランスよく食べることが大切です。

● ごぼうには、食物繊維が豊富に含まれ、水溶性食物繊維のイヌリン、不溶性食物繊維のヘミセルロース、リグニンなどを豊富に含んでいます。水溶性食物繊維のこんにゃくを一緒に摂るとさらに便秘解消に有効です。

COLUMN

缶詰は、カロリーが高いし、塩分も多いのでは?

あらかじめ味付けがしてある缶詰について、「味が濃いし、なんだかカロリーが高そう」というイメージから敬遠される方もいるのではないでしょうか。でも、実は缶詰のカロリーが特別高かったり、塩分が多いわけではないのです。

「さばのみそ煮」で比較してみましょう。生のさば1切れ・80 g を調理すると、約 190Kcal で、塩分は 1.4 gに、一方、マルハさばみそ煮月花缶を 1 人 80 g使うと、192Kcal で、塩分は 0.8 gなのです。

しかも、生の魚は、下処理が面倒ですし、内臓や頭など、食べられずに廃棄する部分がだいたい３０～５０%ほどになりますが、缶詰は、食べられない部分を取り除いているので、すべてそのまま食べられます。しかも、すでに味付けされているので追加の調味料はほとんど必要ありません。

味が濃いと感じたら、野菜などの具材を増やして 2 人前以上にすると、1 人当たりの塩分は半分になります。味付けいらずで、誰でも簡単に味が決まるので、お料理初心者の方や、手早く料理したい方にはうってつけの食材ですね。

3

さんま缶レシピ

さんまもＤＨＡ、ＥＰＡが豊富に含まれ、
血液をサラサラにしたり、血中の脂肪、
コレステロール濃度を下げる働きがあります。
皮膚や粘膜、目の健康によいビタミンＡ、
カルシウムの吸収をよくして
骨粗しょう症予防になるビタミンＤ、
老化防止に効果を発揮するビタミンＥも
多く含まれています。
さらに、栄養の代謝を促進し、貧血予防になる
ビタミンB_{12}も豊富に含まれています。

焼きたてはもちろん、さめても美味しい

さんまのさつま揚げ風

不快な「睡眠障害」をやわらげるために

〈材料〉2人分

あけぼのさんま水煮……1缶(150g)
木綿豆腐……1丁(200g)
わけぎ(小口切り)……大さじ2
ごぼう……中1/3本(50g)
炒り白ごま……大さじ1
おろし生姜……小さじ1
片栗粉……大さじ1
ごま油……大さじ1
(お好みで)大根おろし、大葉……適量

〈作り方〉

❶ 豆腐は水切りしておく。わけぎは小口切り、ごぼうはみじん切りにする。
❷ 豆腐をボウルに入れてつぶし、わけぎとごぼう、缶汁を切ったさんま水煮、炒り白ごま、おろし生姜を入れてよく混ぜ合わせる。10等分に分け、小判型に成型する。
❸ フライパンにごま油を熱し、❷を両面がきつね色になるまで焼く。
❹ お好みで大根おろしを添える。

エネルギー	371Kcal
タンパク質	17.8g
脂質	26.7g
炭水化物	15g
食塩相当量	0.8g

健康レシピPOINT

- 不眠状態を予防・改善し、脳をリラックスさせるのがタンパク質に多く含まれるトリプトファンです。トリプトファンの含有量が多い食品はさんま、さば、かつお、プロセスチーズ、卵、木綿豆腐、納豆、牛乳などです。
- トリプトファンはビタミン B_6 と一緒に摂ることで脳内のセロトニンの原料となり、さらに睡眠を助けるホルモン「メラトニン」をつくる材料となるので、眠りが浅い、寝つきが悪い方は積極的にトリプトファンを摂ってください。

あけぼのさんま水煮缶 1缶分

シャキシャキれんこんを香ばしく

さんまのれんこんサンド焼き

きくらげをプラスして、「貧血」「便秘」改善

〈材料〉2人分（6個分）

あけぼのさんま水煮……1缶（150g）
れんこん……1節（200g）
乾燥きくらげ……5g
おろし生姜……小さじ1
大葉（みじん切り）……4枚
片栗粉（具材用）……大さじ1
片栗粉……適量
サラダ油……適量
大葉……6枚

片栗粉は、レンコンと具材を接着するために欠かせません。具材もしっかりと混ぜ合わせないと、焼いたときにバラバラになりやすいので気をつけてください

エネルギー	268Kcal
タンパク質	12.4g
脂質	13.8g
炭水化物	26.2g
食塩相当量	0.9g

〈作り方〉

❶ きくらげは水で戻し、水気を切ってみじん切りにする。大葉4枚もみじん切りに。

❷ さんま水煮は缶汁を切りボウルに入れて、きくらげ、大葉、おろし生姜、片栗粉（具材用）を入れてよく混ぜ、6等分にして丸める。

❸ れんこんは皮をむき、12枚分の輪切りに切る。れんこんの片面に片栗粉を薄くまぶし、まぶした面を内側にして❷をはさみ、形を整える。

❹ フライパンにサラダ油を熱し、❸を並べ3分焼く。焼き色がついたら裏返し、蓋をして中火で5分焼く。

❺ 皿に大葉を並べ、❹を盛り付ける。

健康レシピPOINT

● 栄養豊富なさんまの缶詰ですが、残念ながら食物繊維が含まれていません。食物繊維が豊富なれんこんやきくらげを組み合わせると便秘の改善になります。

● きくらげはビタミンD、水溶性食物繊維、鉄分、カルシウムが豊富に含まれているので、骨粗しょう症予防や貧血気味のときにもおすすめの食材です。

トースターで焼くから、油いらず

さんまの厚揚げ なめたけソース

カルシウムをたっぷりとって、「骨粗しょう症」予防

〈材料〉2人分

ニッスイさんま塩焼……1缶（75g）
長ネギ……中1/5本（20g）
なめたけ……大さじ2
白すりごま……小さじ1
ごま油……小さじ1
厚揚げ豆腐……1枚
（お好みで）三つ葉……適量

ニッスイさんま塩焼缶 1缶

エネルギー	295Kcal
タンパク質	18.6g
脂質	23.0g
炭水化物	4.4～4.6g
食塩相当量	0.8g

〈作り方〉

❶ 厚揚げは熱湯をかけて油抜きをし、食べやすい大きさに切る。長ネギはみじん切りにする。
❷ 缶汁を切ったさんま塩焼をボウルに入れ、食べやすくほぐし、長ネギとなめたけ、白すりごま、ごま油を入れて混ぜる。
❸ 耐熱容器（またはアルミホイル）に厚揚げ豆腐を並べ、その上に❷をのせてトースターで5分焼く。お好みで2～3cmに刻んだ三つ葉をのせる。

健康レシピPOINT

● 厚揚げ豆腐はタンパク質、ビタミンE、カルシウムが豊富に含まれ、さらに認知症を予防する効果がある葉酸が生の豆腐の2倍含まれています。
● なめたけはカルシウムの吸収を促してくれるビタミンDが含まれているので、厚揚げ豆腐と一緒に摂ると骨粗しょう症予防になります。ただし、なめたけは塩分が多いので注意してください。
● ごまはカルシウムが豊富です。カルシウムが不足がちの日本人にとって理想的な健康食材なので、毎日摂っていただきたい食材です。

絶品パセリソースで食が進む

カリカリさんまのパセリソース

季節の変わり目に「免疫力」アップで、健康体を維持

〈材料〉2人分

ニッスイさんま塩焼……1缶(75g)
パセリ(みじん切り)……大さじ1
トマト(みじん切り)……大さじ1
玉ねぎ(みじん切り)……大さじ1
レモン汁……小さじ1
オリーブオイル……小さじ1
塩・こしょう……少々

免疫力がアップする栄養たっぷりのパセリのソースはたくさん作っておくとアレンジが効きます。ツナ缶、さば水煮缶、ホタテ缶、カニ缶などと合わせても美味で、バゲットにチーズと一緒にのせたり、サーモンやタコのカルパッチョのソースや、ボイル海老や焼いたお肉のソースにしても相性ぴったりです

エネルギー	277Kcal
タンパク質	15.2g
脂質	22.4g
炭水化物	3.7〜4.1g
食塩相当量	0.6g

〈作り方〉

❶ みじん切りにした玉ねぎは水にさらしてからよく水気を切る。トマト、パセリもみじん切りにする。

❷ パセリ、トマト、玉ねぎに、レモン汁、オリーブオイル、塩・こしょうを入れ混ぜ合わせてパセリソースをつくる。

❸ さんま塩焼は缶汁を切り、身のみ油を敷かずにフライパンでカリカリに焼く。

❹ 器にカリカリに焼いたさんまを盛り付け、❷のパセリソースをかける。

＊作りおきパセリソースの材料の目安
パセリのみじん切り・大1束、トマトのみじん切り・大1個、玉ねぎのみじん切り・中1個、塩・小さじ1/2、レモン汁・大さじ3、オリーブオイル・大さじ3

健康レシピPOINT

● さんまに含まれる良質なタンパク質は体内に吸収されやすく、ビタミンB_{12}の含有量は、魚の中ではトップクラスです。ビタミンA、カルシウム、鉄分、DHA、EPAも豊富で、免疫力アップにおすすめの魚です。

● さらなる免疫力アップのために野菜と組み合わせましょう。ビタミン類が豊富なパセリなどの緑黄色野菜や、フィトケミカルがたっぷり含まれている玉ねぎなどの淡色野菜も摂ってください。

超時短、材料を混ぜるだけ

さんまの冷や汁風

「食欲不振」のときに、さっぱりと食べやすい

〈材料〉2人分

ニッスイさんま塩焼……1缶（75g）
きゅうり……1/5本（20g）
大葉……2枚
みょうが……1/2個
白すりごま……大さじ1
冷たい水……1/2カップ（100cc）

さんまをすりこぎなどで食べやすいようにつぶしたら、あとは混ぜるだけ

エネルギー	250Kcal
タンパク質	15.8g
脂質	19.7g
炭水化物	2.3～2.7g
食塩相当量	0.6g

〈作り方〉

❶ きゅうりは小口切りにし、塩（分量外）をふって軽くもみ、しんなりしたら水気を切る。大葉は千切り、みょうがは小口切りにする。

❷ さんま塩焼は缶汁ごとボウルに入れて、すりこぎやおたまなどでよくほぐし、水と白すりごまを入れてよく混ぜる。

❸ 器に❷を入れて、きゅうりと大葉とみょうがをのせる。

＊冷や汁にご飯を入れると主食になります。

＊さんま塩焼缶にしっかりと塩味がついているので、味付けは不要。それでも薄いと感じたら、すだち酢やかぼす酢などを少々入れてください。

健康レシピPOINT

● さんまに含まれるEPAは、血行を促進し、老廃物を洗い流し胃腸の働きを高める効果があり、食欲不振のときにおすすめです。

● みょうがにはビタミンB_1、B_2、ビタミンC、カルシウム、カリウムが含まれていて、血行促進、発汗作用、食欲増進、腰痛、高血圧、肩こり、神経痛などにも効果があるといわれています。食欲がないときにはぜひ一緒に摂りたい食材です。

トロリとからむ温泉卵で、思わずがっつり

さんまのネバトロ丼

「疲れ」がたまったときのスタミナ食

〈材料〉2人分

ニッスイさんま塩焼き……1缶（75g）
オクラ……3本（30g）
長芋……2.5～3cm（50g）
おろし生姜……小さじ1/2
めんつゆ（3倍希釈）……小さじ1/3
温泉卵（市販可）……1個
ご飯……茶碗1杯（180g）

＊簡単！温泉卵の作り方

❶ 深みのある湯呑みなどに、容器の1/3の量の常温の水を入れる。
❷ 冷蔵庫から出した卵を❶に入れて、竹串や爪楊枝で黄身に一か所穴をあける。
❸ 500Wで1分加熱し、そのまま置いておくと固まってしまうので、すぐに水切りをする。

エネルギー	619Kcal
タンパク質	21.2g
脂質	23.5g
炭水化物	71.2～71.6g
食塩相当量	0.8g

〈作り方〉

❶ さんま塩焼は身を缶から取り出して食べやすい大きさに切り、再び缶の中に戻しておく。オクラはガクを切り落とし、塩少々（分量外）を加えた熱湯で1分ゆで、水気を切って小口切りにする。長芋は皮をむいて1cm角に切る。
❷ ボウルにオクラと長芋を入れて、おろし生姜とめんつゆを入れて軽く混ぜる。そこにさんまの塩焼きを缶汁ごと入れて和える。
❸ ご飯の上に❷を盛り付け中央をくぼませて温泉卵をのせる。

健康レシピPOINT

● オクラのぬめりのもとになっている水溶性食物繊維のムチンは胃の粘膜を保護して胃炎や胃潰瘍を予防してくれる働きや、タンパク質の消化、吸収を助ける効能があります。
● 長芋はミネラル、ビタミン類がバランスよく含まれ、アミラーゼやジアスターゼなど多くの消化酵素も含まれているので胃腸を丈夫にしてくれます。長芋にもムチンが含まれているので、オクラと一緒にダブルで疲労回復の効果があります。

COLUMN

内臓脂肪は減らせる?

ここ数年、「メタボリックシンドローム」という言葉が取り沙汰されているのはご存じかと思います。これは、別名「内臓脂肪症候群」と言われるもので、「内臓脂肪型肥満」に加えて、高血糖、高血圧、脂質異常のうち、いずれか2つ以上をあわせもった状態を指しています。こういった悪い状態が重なると、動脈硬化を引き起こし、心臓病や脳卒中といった命にかかわる病気の危険性が高まるのですから……、怖いですよね。

でも大丈夫。実は、内臓脂肪は皮下脂肪と比べて蓄積されやすいけれど、その一方で分解されやすい脂肪なのです。だから、食事の改善と適度な運動の継続で内臓脂肪は減らせます。まずは、以下のことに注意しながら、食生活を見直してみませんか?

1 主食・主菜・副菜を基本に、食事のバランスを考えましょう
2 1日3食きちんと食べましょう
特に朝はしっかりいただきましょう
3 夕食は軽めに。寝る3時間前には済ませましょう
4 油を使った料理は控えめにしましょう
5 副菜(野菜)を多く食べましょう
6 食塩は控えめに

特別なことは何もないかもしれません。でも、こういった基本を念頭において、食生活を見直し、自分の身体に向き合うことは大事なことだと思います。

4

ツナ缶レシピ

ツナはDHAとEPAを含み、
非常に優れたタンパク質源となります。
味にクセがなく、淡白な持ち味が幸いして、
和洋中、どんな料理にも合う便利な食品です。
そのままでも食べられるので、
調理が苦手という方や、手軽にタンパク質を
摂りたい方におすすめします。
カロリーの低いノンオイルタイプを使いましょう。

ほくほくの歯ごたえがたまらない

ツナのクリーミーかぼちゃサラダ

「自律神経」を整え、気分スッキリ

〈材料〉2人分

いなばライトツナスーパーノンオイル……1缶（70g）

いなばミックスビーンズ……1/2缶（60g）

かぼちゃ……中1/16個（100g）

A
- マヨネーズ……大さじ1
- おろしにんにく……小さじ1/2
- 牛乳……小さじ1
- レモン汁……大さじ1
- こしょう……少々

アーモンドスライス……大さじ1

（お好みで）レタスやサラダ菜……適量

いなばミックスビーンズ缶と、いなばライトツナスーパーノンオイル缶 それぞれ1缶分

エネルギー	136Kcal
タンパク質	10.2g
脂質	2.6g
炭水化物	17.4g
食塩相当量	0.7g

〈作り方〉

❶ かぼちゃは種とわたを取って一口大に切り、ラップをかけて電子レンジで5分加熱する。アーモンドスライスをフライパンでから炒りする。

❷ Aの調味料を合わせてよく混ぜる。その中に缶汁を切ったツナとミックスビーンズを入れて軽く混ぜておく。

❸ かぼちゃが熱いうちに、❷と混ぜ合わせる。味をなじませるために冷蔵庫で冷やし、アーモンドスライスをのせる。お好みでレタスやサラダ菜を敷いて盛り付ける。

健康レシピPOINT

● 天気によって体調が左右されることがあります。晴れた日は交感神経が優位になり、曇りや雨の日は副交感神経が優位になるためです。副交感神経が優位のときは代謝が上がらず、体がだるくなったり頭痛、むくみが生じます。

● 自律神経（交感神経と副交感神経）のバランスを保つには、ビタミンAを含むかぼちゃ、ほうれん草など、ビタミンEを含むアーモンドや、カルシウムを含む大豆製品、乳製品などを積極的に摂りましょう。

ほんのり酸味と甘みのハーモニー

ツナとさつまいものオレンジジュース煮

余分な水分を排出し、「むくみ」を取る

〈材料〉2人分

いなばライトツナスーパーノンオイル……
　1缶(70g)
さつまいも……中1/3本(100g)
リンゴ……中1/6個(50g)
干しブドウ……大さじ1
100%果汁オレンジジュース
　……1/2カップ(100cc)

さつまいもとリンゴは、皮にも栄養成分が含まれるので、むかずにそのままで

エネルギー	140Kcal
タンパク質	5.3g
脂質	0.2g
炭水化物	31g
食塩相当量	0.3g

〈作り方〉

❶ さつまいもはよく洗って5mmの半月切りに、リンゴは厚めのいちょう切りにする。
❷ 小さめの鍋にオレンジジュースを入れ、その中に、さつまいもとリンゴ、干しブドウを入れて、蓋をして火にかける。さつまいもが柔らかくなるまで14〜15分弱火で煮る。
❸ ❷にツナを缶汁ごと入れ、2分煮る。

健康レシピPOINT

- むくみが気になるときは、カリウムが多く含まれるさつまいも、じゃがいも、きのこ類、ほうれん草、リンゴ、バナナ、スイカ、キウイなどを摂り、体内の余分な水分を排出してください。
- 疲労回復に効くクエン酸は、代謝を促進してくれるので、むくみ解消にも効果的です。オレンジ、レモン、グレープフルーツ、梅干しや酢なども摂るようにしてください。
- 血流をよくし、老廃物の排泄がスムーズになるのでビタミンEを含むかぼちゃ、アーモンド、アボカド、ごまも積極的に摂ってください。

体と心がよろこぶ
缶詰「健康」レシピ

ご記入・ご送付頂ければ幸いに存じます。　初版2015・1　**愛読者カード**

---

❶本書の発売を次の何でお知りになりましたか。

1新聞広告（紙名　　　　　　　　）2雑誌広告（誌名

3書評、新刊紹介（掲載紙誌名

4書店の店頭で　　5先生や知人のすすめ　　6図書館

7その他（

---

❷お買上げ日・書店名

年　　月　　日　　　　市区町村　　　　　　書店

---

❸本書に対するご意見・ご感想をお聞かせください。

---

❹「こんな本がほしい」「こんな本なら絶対買う」というものがあれば

---

❺いただいた ご意見・ご感想を新聞・雑誌広告や小社ホームページ上で

(1) 掲載してもよい　　(2) 掲載は困る　　(3) 匿名ならよい

ご愛読・ご記入ありがとうございます。

郵便はがき

料金受取人払

神田局承認

5956

差出有効期限
平成27年3月
9日まで

101−8791

509

東京都千代田区神田神保町 3-7-1
ニュー九段ビル

清流出版株式会社 行

リガナ		性　別		年齢
名前		1. 男	2. 女	歳
住所	〒 TEL			
メール ドレス				
務め先 たは 校 名				
種 たは 門分野				
売され いる 聞・雑誌				

ータは、小社用以外の目的に使用することはありません。

コーンに枝豆を加えボリュームアップ

ツナ春巻き

油で揚げない春巻きで、ヘルシー&「肌荒れ」対策

〈材料〉2人分・4本

いなばライトツナスーパーノンオイル……
　1缶(70g)
アヲハタ十勝コーンホール缶……1/2缶
　(内容量65g分)
冷凍枝豆……さや付で100g(中身50g)
大葉……4枚
すり白ごま……小さじ1
マヨネーズ……大さじ1
春巻きの皮……4枚
オリーブオイル……大さじ1+大さじ1
(お好みで)チャービル……適量

③

すべて火を通さなくても食べられる具なので、揚げ油を使わず、少なめの油で焼くことができます

エネルギー	258Kcal
タンパク質	10.9g
脂質	13.1g
炭水化物	23.1g
食塩相当量	0.7g

〈作り方〉

❶ ツナとコーンは缶汁をしっかりと切る。冷凍枝豆は流水で解凍し、豆をさやから出してキッチンペーパーで水気をふく。

❷ ボウルにツナ、コーン、枝豆を入れて、マヨネーズ、すり白ごまと合わせて混ぜる。

❸ 春巻きの皮に大葉を敷き、その上に4等分にした❷をのせて、左右の皮を折り込んで手前からくるくると巻き、巻き終わりに水を塗ってとめる。

❹ フライパンにオリーブオイル大さじ1を入れて熱し、春巻きを入れて焦げ目をつけてから裏返す。その春巻きにオリーブオイル大さじ1を回しかけ、さらにこんがりと揚げ焼きにする。

❺ お好みでチャービルを添える。

健康レシピPOINT

● 肌荒れが気になるときは、美肌のためにタンパク質、ビタミンA、ビタミンB群、ビタミンC、ビタミンEをバランスよく食べることが大切です。

● 枝豆、納豆、豚肉、にんにくなどに含まれるビタミンB群は、皮膚の新陳代謝を促し、肌にハリと弾力を与えます。

● チャービルには、ビタミンCや鉄分、マグネシウムなどが含まれ、美肌や血液をきれいにする効果があります。

ひじきを戻す手間なし、そのまま使える

ツナとひじきのペペロンチーノ

「貧血」予防に欠かせない鉄分補給

〈材料〉1人分

いなばライトツナスーパーノンオイル……1缶（70g）

はごろもドライしっとりひじき……1/2缶（55g）

スパゲッティ……100g

輪切り赤唐辛子……小さじ1/2

にんにく（みじん切り）……小さじ1/2

オリーブオイル……小さじ1

塩・こしょう……少々

大葉……3枚

〈作り方〉

❶ にんにくはみじん切りに、大葉は千切りにする。

❷ 沸騰したお湯に塩小さじ1（分量外）を入れ、スパゲッティを表示時間通りにゆでる。ざるに上げて湯を切り、オリーブオイル（分量外）を少々かけてほぐしやすくしておく。

❸ フライパンにオリーブオイル、にんにく、輪切り赤唐辛子を入れて炒め、香りが出たらひじきとツナフレークを缶汁ごと加えてよく火が通るようにじっくり炒める。スパゲッティを加えて軽く炒めて混ぜ、塩・こしょうで味を調える。

❹ 器に盛って、大葉をのせる。

＊赤唐辛子の辛みが苦手な方は、入れる量を加減してください。

はごろもドライしっとりひじき缶 1缶分

健康レシピPOINT

- 鉄分不足になりやすい女性は、日ごろから食事で補うことを意識してください。
- ひじきには鉄分が豊富に含まれているので、貧血予防には最適な食材ですが、「非ヘム鉄」のため体内への吸収率が低い食材です。非ヘム鉄は良質なタンパク質やビタミンCと一緒に摂ると鉄分の吸収が高まります。

エネルギー	483Kcal
タンパク質	22.7g
脂質	7.7g
炭水化物	78.8g
食塩相当量	1.7g

もちもち食感が、酒の肴にも

ツナ入り大根もち

「胃もたれ・胸焼け」などを感じたら

〈材料〉2人分

いなばライトツナスーパーノンオイル……
　1缶(70g)
大根……1/4本(200g)
青のり……大さじ1
上新粉……50g
塩……少々
醤油……小さじ1/2
ごま油……大さじ1
コリアンダー(パクチー・香菜)……適量

〈作り方〉

❶ 大根は皮をむいてすりおろし、水気をしっかり切る。

❷ ボウルに上新粉、おろし大根、ツナを缶汁ごと、青のり、塩、醤油を入れて混ぜる。2等分して長方形に成型する。

❸ ごま油を熱したフライパンに❷を並べ、両面に焦げ目がつくまで焼く。食べやすい大きさに切り香菜を添える。

上新粉がつなぎになるので、形が崩れません

エネルギー	200Kcal
タンパク質	6.6g
脂質	7.9g
炭水化物	25.4g
食塩相当量	0.7g

健康レシピPOINT

● 胃の調子が悪く食欲がないときには、疲労回復に効くイミダペプチドが含まれているツナを食べましょう。

● 大根にはデンプンの消化酵素のジアスターゼが多く、グリコシダーゼなどの酵素も含まれているため、消化を助けて胃腸の働きを整えてくれます。

● 上新粉の原料はうるち米。粒のお米で食べるより消化がよいので、胃の調子が悪いときにおすすめです。

● コリアンダー(パクチー・香菜)は消化を促進し、食欲を増進させる働きがあります。

COLUMN

ご自分の1日に必要な
摂取エネルギー量を知っていますか？

健康のためには栄養のバランスとともに、1日の摂取エネルギー量も気にかけてください。肥満や生活習慣病を予防するためにも、自分の適切なエネルギー量を知り、1日に飲食したものの総エネルギー量がその範囲内におさまるようにしましょう。

下記の「推定エネルギー必要量」はあくまでも目安です。筋肉質の人と痩せ型の人では基礎代謝量が異なるので、同じ条件でも必要なエネルギー量は異なります。「毎日忙しくて、カロリーや栄養価のことまで考えられない」と思っている方のために、本書ではすべてのレシピにエネルギー、タンパク質、脂質、炭水化物、食塩相当量を記載しました。これを参考にしながら「だいたいこの程度かな」と、1日の食事のカロリーをざっくり把握することから始めませんか？

■推定エネルギー必要量（kcal/日）

性別	男性			女性		
身体活動レベル	低い（Ⅰ）	ふつう（Ⅱ）	高い（Ⅲ）	低い（Ⅰ）	ふつう（Ⅱ）	高い（Ⅲ）
15～17歳	2,500	2,850	3,150	2,050	2,300	2,550
18～29歳	2,300	2,650	3,050	1,650	1,950	2,200
30～49歳	2,300	2,650	3,050	1,750	2,000	2,300
50～69歳	2,100	2,450	2,800	1,650	1,900	2,200
70歳以上	1,850	2,200	2,500	1,500	1,750	2,000

■各身体活動レベルの活動内容（15歳～69歳）

身体活動レベル	低い（Ⅰ）	ふつう（Ⅱ）	高い（Ⅲ）
日常生活の内容	生活の大部分が座位で、静的な活動が中心の場合	座位中心の仕事だが、職場内での移動や立位での作業・接客等、あるいは通勤・買い物・家事、軽いスポーツ等のいずれかを含む場合	移動や立位の多い仕事への従事者、あるいは、スポーツ等余暇における活発な運動習慣を持っている場合

厚生労働省「日本人の食事摂取基準」（2015年版）より抜粋

5

ホタテ・アサリ・カニ缶 レシピ

ホタテは、肝機能を強化し、眼精疲労や
高血圧の改善に効果的なタウリンの含有量が、
魚介類の中でもトップクラスです。
アサリに含まれるビタミンB_{12}の含有量は、
貝類の中でもトップクラスで、
豊富な鉄分とともに貧血予防になります。
カニは、高タンパクで低脂肪のヘルシー食材で、
豊富に含まれるタウリンが
コレステロール値を下げ、中性脂肪を減らし、
動脈硬化も予防してくれます。

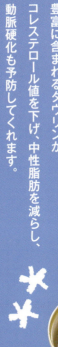

根菜のほくほくを味わって

ホタテと根菜の豆乳グラタン

「疲れ目」にタウリンが効く

〈材料〉2人分

ニッスイ帆立貝柱水煮フレーク……1缶（70g）
れんこん……中1/4節（50g）
にんじん……中1/5本（30g）
ごぼう……中1/3本（50g）
調整豆乳＋ホタテの缶汁……1/2カップ（100cc）
塩・こしょう……少々
とろけるチーズ……30g
パセリ（みじん切り）……小さじ1

ニッスイ帆立貝柱水煮フレーク缶 1缶

エネルギー	282Kcal
タンパク質	18.6g
脂質	11.7g
炭水化物	27.8g
食塩相当量	1.8g

〈作り方〉

❶ 帆立貝柱水煮缶は身と缶汁に分けて、缶汁はとっておく。

❷ れんこんは皮をむいて、にんじん、ごぼうは皮をきれいに洗い、1cmの角切りにする。パセリはみじん切りにする。

❸ 鍋に豆乳と缶汁を合わせて1/2カップ分を入れ、れんこん、にんじん、ごぼうを加え、野菜が柔らかくなるまで弱火で煮る。食べやすい柔らかさになったら火を止めて、ホタテの身を加え、塩・こしょうで味を調える。

❹ 耐熱容器に❸を入れとろけるチーズをのせ、オーブントースターで焦げ目がつくまで焼く。仕上げにパセリを散らす。

健康レシピPOINT

- ホタテはタンパク質、カルシウム、ビタミン、鉄分、タウリンが豊富に含まれています。タウリンは目の新陳代謝を活発にしたり、体や細胞を正常に戻そうとする作用があるので、生活習慣病予防には最適な食材です。眼精疲労、疲労回復、肩こり予防などにも効果があります。
- 咀《そ》嚼《しゃく》運動により血流が上がるので、れんこんやごぼうなどの硬いものを、よく噛んで積極的に食べるようにしましょう。

貝柱の旨味が凝縮

ホタテとあおさの雑炊

「風邪」気味のときに、体が芯から温まる

〈材料〉2人分

ニッスイ帆立貝柱水煮フレーク……1缶（70g）

あおさのり……5g

ご飯……100g

水……1カップ（200cc）

塩……少々

〈作り方〉

❶ 小さめの鍋に水1カップとご飯を入れて火にかける。沸騰させないように弱火にし、熱く温まったら、あおさのりと帆立貝柱水煮を缶汁ごと加え、ほぐしながら一煮立ちさせ、塩で味を調える。

あおさのりは、お吸い物や味噌汁、和え物、玉子焼きや天ぷらにもおすすめの食材です

エネルギー	133Kcal
タンパク質	9.1g
脂質	0.4g
炭水化物	23.8g
食塩相当量	1.3g

健康レシピPOINT

● 風邪気味のときは、体の内側から温めましょう。水分と良質のタンパク質、ビタミンA、ビタミンB群、ビタミンCなどの栄養をしっかり摂ってください。

● ホタテはタンパク質、カルシウム、ビタミン、鉄が豊富に含まれており、低脂肪で消化がよいので、風邪気味のときの栄養補給にぴったりです。

● あおさのりは食物繊維、カルシウム、マグネシウム、ビタミンA、ビタミンC、葉酸、ビタミンB_{12}も豊富で栄養価の高い海藻なので、ぜひ常備していただきたい食材です。

アサリのエキスが野菜にしみ込む

アサリの野菜蒸し

女性に多い不快な「むくみ」予防に

〈材料〉2人分

マルハあさり水煮……1缶(130g)
キャベツ……葉2～3枚(120g)
ピーマン……中2個(60g)
にんじん……中1/3本(60g)
酒……大さじ1
おろしにんにく……小さじ1
バター……10g

〈作り方〉

❶ キャベツ、ピーマン、にんじんは一口大に切る。
❷ 耐熱容器(またはシリコンスチーマー)に❶の野菜を入れて、その上からあさり水煮を缶汁ごと加える。酒、おろしにんにく、バターを加えてひと混ぜする。ラップをかけて電子レンジで5分加熱する。

マルハあさり水煮缶 1缶

エネルギー	125Kcal
タンパク質	7.9g
脂質	21.7g
炭水化物	10.7g
食塩相当量	1.3g

健康レシピPOINT

● むくみを予防するにはカリウム、タンパク質、クエン酸、ビタミンEをバランスよく摂取することが大切です。カリウムはむくみを解消してくれて、ナトリウムによる血圧の上昇を抑え、筋肉の働きをよくしてくれます。
● アサリはカリウムが豊富で、むくみ対策には効果的な食材です。また、アサリに含まれるビタミンB_{12}や鉄分は、貧血を予防し肝臓を強くします。

手軽につくれて腹持ちがいい

アサリと切干大根のおやき

「貧血」予防に積極的に摂ってほしい

〈材料〉2人分

マルハあさり水煮……1缶(130g)
切干大根……20g
わけぎ……20g
薄力粉……80g
あさり水煮の缶汁＋水……
　合計1/2カップ(100cc)
こしょう……少々
ごま油……大さじ1

＊味はついていますが、お好みでタレを用意してください。ポン酢やラー油のほか、ごま油大さじ1＋おろしにんにく小さじ1/2＋塩少々を調合したものなど。

両面をしっかり焼いてください

エネルギー	289Kcal
タンパク質	10.2g
脂質	9.0g
炭水化物	33.9g
食塩相当量	1.2g

〈作り方〉

❶ 切干大根は水でやわらかく戻して水気を切り、短めのざく切りに。わけぎは小口切りにする。

❷ あさり水煮缶は身と缶汁に分けて、缶汁は水と合わせておく(調味料として使用)。

❸ ボウルに切干大根、わけぎ、アサリの身、❷の合わせた缶汁と水、薄力粉、こしょうを入れてよく混ぜる。

❹ フライパンにごま油を熱し、弱火で❸の生地を流し入れ、両面をこんがり焼く。

健康レシピPOINT

● アサリは体内で合成できないビタミンB_{12}が含まれていて、葉酸とともに赤血球の生成をサポートしてくれます。鉄分も豊富なので、貧血予防にぜひ食べていただきたい食材です。

● 切干大根は食物繊維、カルシウム、ビタミンB_1や鉄分が豊富で、貧血予防、便秘予防、骨粗しょう症予防や、二日酔いで弱った肝臓や胃腸を回復させる効果があり、さらに冷え性を予防すると言われています。アサリも切干大根も、とくに女性に積極的に摂っていただきたい食材です。

カニを使って、プチ贅沢ランチ

簡単カニのエッグベネディクト

カニで中性脂肪を減らし、「体質改善」

〈材料〉1人分

マルハまるずわいがにほぐしみ……1缶(55g)

イングリッシュマフィン……1個

温泉卵……1個
(温泉卵の作り方は58ページ参照)

ベビーリーフ……適量

プチトマト……2個

(お好みで)黒コショウ(白こしょう可)……適量

● 簡単オランデーズソースの作り方

バター10gを電子レンジで溶かし(500Wで30秒加熱)、溶けたバターにマヨネーズ・大さじ1とレモン汁・小さじ1を加えてよく混ぜる。

＊通常のオランデーズソースには卵の黄身を入れますが、入れなくても美味しくできます。

〈作り方〉

❶ ベビーリーフは洗って水気を切る。プチトマトはへたを取る。

❷ イングリッシュマフィンを半分に割り、トースターで2分焼く。片方のマフィンに缶汁を切ってほぐしたカニと温泉卵をのせ、オランデーズソースとお好みで黒コショウをかける。残り半分のマフィンを横に添える。

❸ 付け合わせにベビーリーフ、プチトマトを添える。

健康レシピPOINT

● カニ缶はタンパク質が豊富でカリウム、カルシウム、鉄分、亜鉛、銅などのミネラル類やビタミンB_1、B_2なども含まれています。脂質と炭水化物が少なくカロリーも低いので体質改善をしたい女性におすすめです。また、カニ缶に含まれているタウリンはコレステロール値を下げ、中性脂肪を減らし、動脈硬化も予防してくれます。

エネルギー	327Kcal
タンパク質	17.9g
脂質	49.9g
炭水化物	26.1g
食塩相当量	1.9g

COLUMN

塩分の摂りすぎに、注意!!

日本人の1日あたりの食塩平均摂取量は、2012年時点で、男性で11.3 g、女性で9.6gと発表されています。実はこれ、少し摂りすぎなのです。生活習慣病の予防を目的とした「目標量」は、男性が「8g未満」、女性が「7g未満」と、厚生労働省の日本人の食事摂取基準（2015年版）では定められています。とはいえ、塩分って、なかなか実感できないものですよね。本書では、すべてのレシピに食塩相当量を記載していますので、ぜひ参考にしてみてください。

「食塩無添加」と書かれていないかぎり、ほとんどの缶詰には、ほどよい塩味がついています。蒲焼きなどの味がついている缶詰はもちろん、水煮の缶詰にも塩味がついています。缶詰を購入する際は、ぜひ栄養成分表のカロリーとともに、食塩相当量もチェックする習慣をつけるようにしましょう。

ちなみに、缶詰を調理する場合は、なるべく調理の最後のほうに入れるほうが効果的です。火を通していない食材と同じタイミングで加熱してしまうと、缶詰の具材に火が入りすぎてしまい、味がぼやけてしまうことも。

ちょっと味がもの足りないと思うときは、大葉・みょうがなどの香味野菜や、七味唐辛子・山椒などの香辛料、レモン・すだちなどの柑橘類や、酢などを足してください。どうしても味が足りないと思うときにだけ、調味料を追加するようにしてくださいね。

6

コンビーフ缶レシピ

コンビーフは牛の塩漬け肉を
フレークにして牛脂で固めたもの。
栄養成分は牛肉と同じく
高タンパクで脂質が多く、
鉄分と亜鉛が豊富です。
アンチエイジング、老化防止のためにも
しっかりお肉を食べてください。

かぶの甘さが引き立つ

コンビーフとかぶのトロトロ煮

体を中からあたためて、「冷え性」を改善

〈材料〉2人分

ノザキ脂肪分控えめコンビーフ
　……1/2缶(50g)
かぶ(葉付き)……1個(100g)
水……1/4カップ(50ml)
おろしにんにく……少々
塩・こしょう……少々

ノザキ脂肪分控えめコンビーフ缶 1缶分

エネルギー	143Kcal
タンパク質	11.1g
脂質	8.8g
炭水化物	4.8～5.6g
食塩相当量	0.8g

〈作り方〉

❶ かぶの根元と葉の間には泥がついているのでよく洗う。そのかぶの茎を1cm残し、葉を切り落とし皮をむき、大きさによって4～6等分のくし切りにする。かぶの葉は4㎝の長さに切る。

❷ 深めの耐熱容器に水とおろしにんにくを入れて軽くまぜ、かぶと葉、コンビーフをざっくりとほぐして加える。

❸ ラップをして6分加熱し、かぶが柔らかくなったら、塩・こしょうで味を調える。

健康レシピPOINT

● コンビーフはタンパク質、脂質が多く、ビタミンB群、鉄分も含まれているので、貧血予防や虚弱体質の改善に役立ちます。

● かぶは白い根の部分は淡色野菜、葉の部分は緑黄色野菜に分類されているので、それぞれが持つ効能が期待できるお得な野菜です。根の部分は、加熱すると、胃腸を温め、冷えによる腹痛を予防してくれる効果があります。葉の部分はビタミン、ミネラル、食物繊維が豊富に含まれているので、捨てずに食べましょう。

満腹感を味わえるのに、低カロリー

コンビーフポテトのピーマン肉詰め

肉と野菜のダブルで「アンチエイジング」

〈材料〉2人分

ノザキ脂肪分控えめコンビーフ
……1/2缶(50g)
じゃがいも……中1個(100g)
マヨネーズ……大さじ1
塩・こしょう……少々
ピーマン(緑・赤)……合計3個
パン粉……大さじ1
ドライパセリ……小さじ1/2
オリーブオイル……大さじ1
(お好みで)レモン……適量

具材はピーマンにしっかりと詰める

エネルギー	197Kcal
タンパク質	6.8g
脂質	12.5g
炭水化物	13.1～13.5g
食塩相当量	0.5g

〈作り方〉

❶ じゃがいもは皮をむいて薄くスライスし、ラップをして電子レンジで3分半加熱する。熱いうちにボウルに入れてつぶし、その中にコンビーフを入れてマヨネーズ、塩、こしょうを入れてよく混ぜる。

❷ ピーマンはそれぞれ縦半分に切って種とへたをとり、❶を均等に詰める。上にパン粉をのせるので、具材を詰めるときは、表面を平らにしておく。

❸ パン粉、ドライパセリ、オリーブオイルをよく混ぜ、❷の表面にのせる。オーブントースターで焦げ目が付くまで焼き、お好みでくし型に切ったレモンを添える。

健康レシピPOINT

● コンビーフは牛の塩漬け肉をフレークにして牛脂で固めたもの。栄養成分は牛肉と同じく高タンパクで脂質が多く、鉄分と亜鉛が豊富です。アンチエイジング、老化防止のためにもしっかり肉を食べましょう。

● じゃがいもとピーマンに豊富に含まれるビタミンC は美肌のもとで、抗酸化力が強く、活性酸素から細胞を守り、肌の老化を防いでくれます。

コンビーフとブロッコリーのベストマッチ

コンビーフのスペイン風オムレツ

鉄分をたっぷり摂って「貧血」予防

〈材料〉2人分

ノザキ脂肪分控えめコンビーフ
……1/2缶(50g)
玉ねぎ……小1/2個(50g)
ブロッコリー……5房(50g)
卵……3個(150g)
塩・こしょう……少々
オリーブオイル……小さじ1

スペイン風オムレツは、具材を炒め、溶き卵と混ぜて、フライパンで丸く平らに焼いたもの

エネルギー	216Kcal
タンパク質	40.6g
脂質	15.0g
炭水化物	3.8〜4.7g
食塩相当量	0.8g

〈作り方〉

❶ 玉ねぎは薄切りにし、ブロッコリーは小房に分けて色よくゆでる。卵は割りほぐし、塩・こしょうをしてよく混ぜておく。

❷ オリーブオイルを熱したフライパンで、玉ねぎとほぐしたコンビーフを加えてしんなりするまで炒めてから、ブロッコリーを加え軽く炒める。

❸ 卵を❷に流し入れ、全体をかき混ぜながら半熟になるまで火を通してから、蓋をして弱火で4分焼き、裏返してさらに3分焼く。

健康レシピPOINT

- コンビーフはビタミンB、鉄分が多く含まれ、貧血や虚弱体質の改善にも役立ちます。
- 卵も鉄分が多く、鉄分の吸収を助けてくれるビタミンC が豊富なブロッコリーを一緒に摂ると、効果がアップします。ブロッコリーにはビタミンA、コレステロール値を下げる葉酸のほか、カルシウム、カリウム、鉄などのミネラルも豊富に含まれています。

COLUMN

「まごわやさしい」食品で食生活改善

「まごわやさしい」という言葉を聞いたことはありませんか？　これは、食品研究家で医学博士の吉村裕之先生が編み出した言葉で、バランスの良い食材選びの指標となるものです。これらはすべて日本人が伝統的に取り入れてきた食材の頭文字をとっているのですが、お時間ある方は、右の部分を隠して、ちょっと考えてみませんか？

ま＝豆類《豆・豆腐・味噌・納豆などの大豆類》
ご＝ごま《ごまやその他の種子類》
わ＝わかめなどの海藻類《わかめ、昆布、ひじきなどの海藻類》
や＝野菜《緑黄色野菜・淡色野菜・根菜》
さ＝魚《魚介類・特にイワシ類・サバ類・サンマなどの青魚》
し＝しいたけ《しいたけなどのきのこ類》
い＝いも類《じゃがいも・さつまいも・里芋など》

こうやって見てみると、日本には健康的な食材がたくさんあるのだということを、あらためて気付かされますよね。本書でも、「まごわやさしい」食材を効果的に缶詰と組み合わせるようにしています。和食は、ユネスコの無形文化遺産にも登録されるほど、世界でも類を見ない理想の食文化。食材選びに迷ったら、「まごわやさしい」を思い出してくださいね。

7

焼き鳥缶レシピ

焼き鳥缶には、鉄が豊富に含まれています。
また、ビタミンB_2、B_{12}、ビタミンK、
コラーゲンなどのほか、
消化吸収に優れた良質のタンパク質も
含まれているので、
皮膚や粘膜の健康を保ったり、
細胞の形成や老化防止にも
欠かせない食品です。

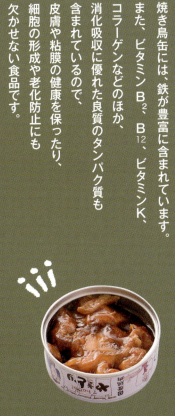

甘めの醤油ダレに、ナッツと野菜がおいしくなじむ

焼き鳥のカシューナッツ炒め

「便秘」と「疲労」のダブルに効く

〈材料〉2人分

ホテイやきとりたれ味……1缶(85g)
カシューナッツ……30g
たけのこ水煮……1/4個(50g)
ピーマン……1個(30g)
赤ピーマン……1個(30g)
長ネギ……1/10本(10g)
生姜……1かけ(10g)
ごま油……小さじ1
塩……少々

ホテイやきとりたれ味 1缶分

エネルギー	387Kcal
タンパク質	23.3g
脂質	24.4g
炭水化物	22.8g
食塩相当量	1.4g

〈作り方〉

❶ たけのこ水煮は1cmの角切りに、ピーマンと赤ピーマンは種とヘタを取り除き1cmの角切りに、長ネギと生姜はみじん切りにする。

❷ フライパンにごま油を熱して、長ネギと生姜のみじん切りを炒め香りが出てきたら、たけのこ、ピーマン、赤ピーマンを加えて炒める。野菜に火が通ったらカシューナッツと焼き鳥を缶汁ごと加えて炒め、最後に塩で味を調える。

健康レシピPOINT

● 鶏肉は低カロリーで、鉄分が豊富に含まれています。

● カシューナッツはオレイン酸が多く、タンパク質、糖質、ビタミンB_1、マグネシウム、鉄、食物繊維、亜鉛なども豊富に含まれています。便秘解消、貧血や月経不順、疲労回復などの効果があります。

● たけのこは「食物繊維の塊」と呼ばれ、便秘や大腸がんの予防に最適です。

● 細胞の働きを活性化してくれるビタミンAとCが豊富に含まれているピーマンを一緒に摂ることで、疲労回復メニューとなります。

食パン入りで食べごたえたっぷり、主食にもなる

焼き鳥と水菜のパンサラダ

シミやシワを防ぎ、「美白」を保つ

〈材料〉2人分

ホテイやきとりたれ味……1缶(85g)
食パン(8枚切り)……1枚(50g)
オリーブオイル……大さじ1
水菜……1/2束(80g)
プチトマト……4個

A
- 缶汁……大さじ1
- マヨネーズ……大さじ1
- 粉チーズ……大さじ1
- オリーブオイル……小さじ1
- レモン汁……小さじ1

フライパンで炒めるだけでクルトンの出来上がり

エネルギー	251Kcal
タンパク質	11.6g
脂質	14.6g
炭水化物	18.7g
食塩相当量	1.1g

〈作り方〉

❶ 焼き鳥缶は身と缶汁に分ける(缶汁はドレッシングに使用)。水菜は洗って水気をしっかり切り4cmのざく切りに。プチトマトはへたを取り半分に切る。

❷ 食パンは1cm角のさいの目に切り、塩を少々まぶし(分量外)、オリーブオイルを入れて熱したフライパンで炒める。

❸ 大きめのボウルに缶汁とマヨネーズ、粉チーズ、オリーブオイル、レモン汁をしっかり混ぜてドレッシング(A)をつくる。

❹ Aの中に焼き鳥、水菜、プチトマト、❷のパンを加えて軽く混ぜ合わせる。

健康レシピPOINT

● 水菜はビタミン、ミネラルが豊富な野菜です。乾燥肌や肌荒れを防止するβ-カロテンや、シミやシワを防ぎ美白を保つビタミンCを含んでいるので、積極的に摂りたい食材です。

● 鶏肉と粉チーズで良質のタンパク質を摂り、水菜の鉄分と葉酸の吸収を助けるプチトマトのビタミンC、ビタミンAの吸収を促すオリーブオイルと酢を一緒に摂ることで、さらに美白効果がアップします。

トースターで焼いて、サクサク食感が楽しめる

焼き鳥ニラきつね

栄養豊富な食材で「疲労回復」

〈材料〉1人分

ホテイやきとりたれ味……1/2缶（約40g）

油揚げ……1枚

ニラ……4茎(20g)

(お好みで)山椒……少々

〈作り方〉

❶ 油揚げは横半分に切り、袋状にする。

❷ ニラは短め（1㎝）に切り、焼き鳥を缶汁ごと和えて、お好みで山椒少々も加えて混ぜ、油揚げに詰めて楊枝で止める。

❸ オーブントースターで焼き目がつき香ばしくなるまで焼く。

お好みで山椒を入れると、ピリッとした辛さが味のアクセントになります

エネルギー	215Kcal
タンパク質	19.2g
脂質	11.5g
炭水化物	9.0g
食塩相当量	1.2g

健康レシピPOINT

● 油揚げは豆腐を油で揚げた物なので、豆腐にくらべると脂質が増えますが、大豆由来の栄養はほぼ変わりありません。アミノ酸バランスがよい良質なタンパク質を含み、サポニン、イソフラボンも豊富で、栄養満点な食品です。

● ニラは疲労を回復させるビタミンB_1、エネルギー代謝を促進するビタミンB_2、貧血を予防する鉄分、むくみを解消するカリウム、イライラを鎮めるカルシウム、血液の循環をスムーズにするマグネシウムなどの栄養を豊富に含んでいます。ニラのアリシンはビタミンB_1を含む鶏肉や油揚げと一緒に食べるとアリチアミンとなり、さらなる疲労回復効果があります。

栄養満点、がっつり食べたい

焼き鳥ビビンバ丼

抵抗力を高めて、「風邪」を寄せつけない!

〈材料〉1人分

ホテイやきとりたれ味……1缶(85g)
温かいごはん……茶碗1杯(180g)
にんじん……中1/5本(30g)
ほうれん草……1〜2株(30g)
豆もやし……30g
おろしにんにく……小さじ1/2
すりごま……小さじ1
ごま油……大さじ1
塩……少々
温泉卵……1個
(温泉卵の作り方は58ページ参照)

〈作り方〉

❶ ほうれん草は色よくゆでて水気を切って4cmに切る。にんじんは4cmの千切りにして水からゆでて水気を切る。豆もやしも熱湯でさっとゆでて水気を切る。

❷ ボウルにおろしにんにく、すりごま、ごま油、塩を入れて混ぜ、にんじん、ほうれん草、豆もやしを和えてナムルをつくる。

❸ 丼にご飯を盛り、ナムルと焼き鳥をバランスよくのせ、真ん中に温泉卵(お好みで黄身だけや生卵、半熟卵)をのせる。

エネルギー	675Kcal
タンパク質	27.7g
脂質	27.2g
炭水化物	75.1g
食塩相当量	1.5g

健康レシピPOINT

● 風邪を予防するには、必須アミノ酸がバランスよく含まれている鶏肉と卵を摂るのがいいでしょう。
● ほうれん草は、抵抗力を高めるビタミンCも豊富に含まれているので、風邪を予防する効果があります。
● にんじんに豊富に含まれるビタミンAは、のどや鼻の粘膜を丈夫にし、細菌に対して抵抗力を高めてくれます。
● 卵の白身に含まれているリゾチームには、風邪の原因となる細菌などを溶かす作用がありますので、ぜひビビンバ丼に加えてください。

COLUMN

缶詰は「防災食」

私が缶詰に注目したのは、2011 年の東日本大震災がきっかけです。当時、私の住む地域のスーパーマーケットでは、棚がガランとしてしまい、必要なものがなかなか入荷されない状況が続きました。あの時、自分たちがどれだけ豊富な食材に恵まれていたのかということを、あらためて感じた方も多かったのでは……。それと同時に、食材を備蓄することの大切さも痛感しました。

あれから数年が経ちました。防災の意識もだんだん薄れがちですが、災害はいつ起こるか誰にもわかりません。日頃から缶詰などの食料を備蓄しておいて、災害時にはどうやってそれを食べるのかイメージしておくといいですね。

備蓄する食料は、本書で紹介しているような魚介類、肉類、野菜などの缶詰を中心に揃えるだけでも大丈夫です。最近は、缶詰もどんどん進化しています。開けたらそのまま食べられる玄米ご飯の缶詰や、なんとケーキの缶詰まで！　気持ちが挫けそうになる災害時だからこそ、実は、心の栄養となる甘いモノは必要なんですよ。棚の奥にしまい込まず、日頃から見えるところにストックしておき、賞味期限内に美味しく食べながら、適宜補充していきましょう。

トーヨーフーズの缶入りチーズケーキ・缶入り抹茶チーズケーキ・缶入りガトーショコラと、稲荷堂本舗の玄米ご飯

8

鶏ささみ缶レシピ

鶏ささみは肉類の中でもトップの
優れた高タンパク、
低カロリーの食材です。
鶏肉のタンパク質は
アミノ酸バランスが優れていて
消化吸収もよく、お年寄りやお子さん、
ダイエット中の方にもおすすめです。

低カロリーで満腹感が得られる

鶏ささみとしらたきのピリカラ炒め

つらい「冷え性」を改善

〈材料〉2人分

いなばとりささみフレーク低脂肪……1缶（80g）

しらたき……1玉（300g）

わけぎ……1束

輪切り赤唐辛子……小さじ1

ごま油……大さじ1

酒……大さじ1

醤油……大さじ1

白ごま……小さじ1

〈作り方〉

❶ とりささみフレークは缶汁を切る。しらたきは全体をざくっと3等分くらいに切ってさっとゆで、しっかり水気を切る。わけぎは小口切りにする。

❷ フライパンにごま油を熱し輪切り赤唐辛子を炒め、ささみフレーク、しらたきを加え全体に油がまわったら、わけぎを加えて炒め合わせ、酒と醤油で味を調える。

❸ 器に盛って白ごまをふる。

エネルギー	126Kcal
タンパク質	6.8g
脂質	8.2g
炭水化物	7.0g
食塩相当量	1.6g

健康レシピPOINT

- 冷えを放っておくと、肩こりや頭痛など様々な障害をおよぼします。
- 冷え性の改善には、熱を運ぶ血液の流れをよくすることが大切です。血行促進や発汗、体温上昇、食欲増進などの作用がある辛味成分のカプサイシンが含まれている唐辛子を食べてください。

のどごし抜群で、ご飯がすすむ

鶏ささみの梅とろろ

疲れた「胃腸」にやさしい

〈材料〉1人分

いなばとりささみフレーク低脂肪
……1缶(80g)
長芋……100g
梅干し(練り梅チューブで代用可)……
中〜大1個
(お好みで)青のり……適量

〈作り方〉

❶ とりささみフレーク缶は缶汁を切る。長芋は皮をむきすりおろす。
❷ 梅干しは種を取り、果肉をたたいて潰す。
❸ 鶏ささみ、長芋、梅干しを混ぜ合わせる。お好みで青のりを散らす。

梅干しは塩分が多いので、食べすぎないように注意してください

エネルギー	115Kcal
タンパク質	13.1g
脂質	0.5g
炭水化物	15.0g
食塩相当量	1.5g

健康レシピPOINT

● 鶏ささみは肉類の中でもトップの優れた高タンパク、低カロリーの食材です。鶏肉のタンパク質はアミノ酸バランスが優れていて消化吸収もよく、お年寄りやお子さま、ダイエット中の方にもおすすめです。

● 長芋は、消化と吸収を助けるアミラーゼと胃の粘膜を保護するムチン、消化吸収のよい糖質を含んでいるので、胃腸の調子が悪いときには最適の食材です。

● 梅干しには食欲増進の効果や、血管の老化を防いだり、二日酔い防止や、疲労回復などに効く優良食品です。

冬は熱々にして、夏は冷たくして

鶏ささみの鉢蒸し

「脳の老化」防止に役立つ

〈材料〉2人分

いなばとりささみフレーク低脂肪……1缶（80g）

木綿豆腐……1/2丁（100g）

しめじ……1/2パック（50g）

卵……1個（50g）

めんつゆ（3倍希釈）……小さじ1

片栗粉……大さじ1

ごま油……小さじ2

わけぎ 小口切り……大さじ1

電子レンジで加熱後は、器が熱くなっているので注意してください

エネルギー	176Kcal
タンパク質	12.7g
脂質	10.0g
炭水化物	9.1g
食塩相当量	1.0g

〈作り方〉

❶ 豆腐をつぶして、卵、めんつゆ、片栗粉、とりささみフレークを缶汁ごと加えてよく混ぜる。その中にがくを切り落とし、ほぐしたしめじを加えて混ぜる。

❷ 大きめの耐熱の鉢に❶を流し入れ、ラップをふんわりかけて電子レンジで5分加熱する。

❸ ごま油を回し入れ、小口切りのわけぎを散らす。

健康レシピPOINT

● 鶏のささみは高タンパク・低カロリー食品なので、ダイエット食としている方がいますが、ささみだけを食べていると、炭水化物と脂質が摂れず、便秘になる可能性があります。食物繊維が含まれた食材と一緒に食べてください。

● 豆腐と卵に豊富に含まれているレシチンは脳の活性化に役立ち、記憶力や集中力を高め、物忘れなどの脳の老化や認知症予防にも効果があります。

香り豊かに、野菜もたっぷり

鶏ささみの冷やし五目そば

「アンチエイジング」効果、期待大

〈材料〉1人分

いなばとりささみフレーク低脂肪
……1/2缶(40g)
そば(乾麺)……100g
大根……直径8cmのもので厚さ1cm
(30g)
きゅうり……1/2本(50g)
みょうが……1/2個
大葉……2枚
めんつゆ(3倍希釈)……大さじ1.5
とりささみフレーク缶の缶汁
……大さじ1.5
水……大さじ2
炒り白ごま……小さじ1
温泉卵……1個
(温泉卵の作り方は58ページ参照)

エネルギー	495Kcal
タンパク質	27.7g
脂質	8.6g
炭水化物	76.3g
食塩相当量	3.2g

〈作り方〉

❶ とりささみフレーク缶は身と缶汁に分けておく(缶汁はとっておく)。大根、きゅうり、みょうが、大葉は千切りにする。

❷ そばはゆでて水洗いし、しっかり水気を切る。

❸ めんつゆ、とりささみフレーク缶の缶汁、水を合わせておく。

❹ 大きめの器にそばを盛り分けて、とりささみフレーク、大根、きゅうり、みょうが、大葉を放射状に盛り付け、真ん中に温泉卵をのせる。❸のそばつゆをかけて炒り白ごまを振りかける。

健康レシピPOINT

- そばは食物繊維を含み、血管を強くするルチンを含んでいるので、動脈硬化や高血圧を予防します。
- 大根に含まれるビタミンC は、皮に多く含まれているので、きれいに洗って皮ごと食べることをおすすめします。
- みょうがは香りの成分であるアルファピネンが発汗を促し、呼吸や血液の循環をよくし、消化を促進します。
- 大葉とごまの栄養価は高く、良質のタンパク質の鶏ささみと一緒に食べることで老化防止、アンチエイジングに効果を発揮します。

COLUMN

わが家の缶詰ストック

缶詰のストック、みなさんはどのようにされていますか？　やはりキッチンにしまわれていることでしょう。

わが家の場合は、なんと和室に置いてある引き戸式の本棚にストックしています。缶詰を入れるスペースを確保するため、入れていた本を別の場所に移して、下の写真のように、仕切棚ごとに、魚介類、野菜類などの種類ごとに分けています。こうすると、必要な缶詰を家族の誰もがすぐに見つけることができるし、ストックがどれくらいあるかも一目瞭然、賞味期限もチェックしやすいので便利です。

私は日本災害食学会の災害食専門員なので、常に災害時を想定して備蓄を考えています。いざ災害が起きたときに、私が在宅していなくても、缶詰があれば開けるだけで食べられるので、子どもだけでも大丈夫。せっかく缶詰を備蓄しておいたとしても、キッチンにしまい込んでいたら、家族が見つけられないかもしれません。取り出しやすい場所に置いて、日常的に使い、使ったら買い足すようにすれば、常に新しい缶詰がストックできます。

この場所に置いてから、子どもたちが、その日の料理に必要な缶詰を用意してくれるようになりました。

9

豆・コーン缶レシピ

豆類は炭水化物、タンパク質、
ビタミン、ミネラルなどの栄養素を
バランスよく含んでいます。
さらに食物繊維やポリフェノール、
イソフラボンなどの機能性成分も
豊富に含まれているので
積極的に摂りたい食品です。

ほのかな甘さに、大人も子どもも喜ぶ

豆コーンサラダ

豆のチカラで「免疫力アップ」

〈材料〉4人分

いなばミックスビーンズ……1缶(120g)
アヲハタ十勝コーン・ホール……1缶(190g)
マヨネーズ……大さじ2
白すりごま……小さじ2

〈作り方〉

❶ ビニール袋にミックスビーンズと、汁気を切ったコーンを入れてマヨネーズ・白すりごまと合わせて混ぜる。

＊ビニール袋に入れて混ぜるだけなので、子どもでも簡単につくれます。

いなばミックスビーンズと、アヲハタ十勝コーン・ホール各1缶分

エネルギー	115Kcal
タンパク質	4.3g
脂質	3.9g
炭水化物	14.5g
食塩相当量	0.6g

健康レシピPOINT

● 豆類は主に2つのグループに分けることができます。あずき、ささげ、いんげん豆、花豆、えんどう、そらまめ、ひよこまめ、レンズ豆は炭水化物が豊富なグループで、高タンパク、低脂肪な食品です。

● 一方、大豆や落花生などは、脂質が多く含まれるグループで、高タンパクですが炭水化物は少なめです。

● いずれの豆もビタミンB_1、B_2、B_6などのビタミンや、カリウム、マグネシウム、鉄、亜鉛などのミネラルも多く含んでいます。さらに食物繊維、サポニン、ポリフェノールなども豊富ですので、抗酸化作用があり免疫力の増強、肥満防止にもおすすめの食品です。

コーンとかぼちゃの甘みに、ほっこり

かぼちゃの豆乳コーン煮

季節のかわりめに「風邪」予防

〈材料〉1人分

アヲハタ十勝コーン・ホール……1/2缶（95g）
かぼちゃ……中1/16個（100g）
調整豆乳……1/4カップ（50cc）
パセリ……小さじ1
（お好みで）塩・こしょう……少々

〈作り方〉

❶ コーン缶は缶汁を切り、かぼちゃは皮つきのまま2cm～3cmの一口大に切る。パセリはみじん切りにする。

❷ 耐熱容器に調整豆乳、かぼちゃ、缶汁を切ったコーンを入れて電子レンジで5分加熱する。かぼちゃが柔らかくなったら出来上がり。最後にパセリを散らす。

*かぼちゃとコーンの甘味で味付けは十分ですが、薄いと感じる方はお好みで塩・こしょうを加えて味を調えてください。

*レンジで加熱中に豆乳が吹きこぼれることがありますので、深めの耐熱容器を使用してください。

エネルギー	185Kcal
タンパク質	5.3g
脂質	2.7g
炭水化物	35.5g
食塩相当量	0.4g

健康レシピPOINT

● スイートコーンの甘味成分である糖質は消化吸収がよく、エネルギー補給、疲労回復に効果があります。さらに糖質の代謝を助けるビタミンB_1、発育に欠かせないビタミンB_2、風邪を予防し、肌や皮膚を若々しく保つビタミンCなどを多く含みます。

● かぼちゃもビタミン、ミネラル、食物繊維が大変豊富で疲労回復に効果があり、美肌効果、風邪の予防にもおすすめです。

豆腐を加えて、ボリュームアップ

コーンの中華風クリーミー豆腐

トリプトファンとカルシウムで、「イライラ」を解消

〈材料〉2人分

アヲハタ十勝コーン・クリーム……1缶（190g）
木綿豆腐……1丁（200g）
ハム……2枚
長ネギ……中1/2本（50g）
生姜（みじん切り）……1かけ分（10g）
牛乳……1/2カップ（100ml）
めんつゆ（3倍希釈）……小さじ1
ごま油……大さじ1
（お好みで）コリアンダー（香菜）……適量

エネルギー	286Kcal
タンパク質	11.8g
脂質	15.0g
炭水化物	25.2g
食塩相当量	1.1g

〈作り方〉

❶ 豆腐は水切りをする。ハム、長ネギ、生姜はみじん切りにする。

❷ 鍋にごま油を入れ、ハム、長ネギ、生姜を炒める。香りが出たら牛乳、コーンクリーム、めんつゆを加えてひと混ぜして温める。このとき、沸騰をさせない。

❸ 水切りした豆腐をスプーンですくい崩しながら加える。

❹ 器に盛ってお好みでコリアンダーを添える。

健康レシピPOINT

● 脳の緊張をとくためには、トリプトファンを含む食品の木綿豆腐、青魚、チーズ、卵、牛乳、納豆などを摂ってください。脳や神経の働きを安定させるセロトニンの材料となります。

● カルシウムが不足すると神経過敏な状態になり、イライラしたり怒りっぽくなることもありますので、カルシウムが豊富な食品も適量摂ってください。

おやつにも、おかずにも、おつまみにもなる

大豆とじゃがいものカレー炒め

脳の働きを活発にし、「記憶力」を高める大豆製品

〈材料〉2人分

ホテイ大豆ドライパック……1缶(110g)
じゃがいも……中1個(100g)
片栗粉……少々
サラダ油……大さじ2
カレー粉……小さじ1
塩・こしょう……少々
(お好みで)イタリアンパセリ……適量

ホテイ大豆ドライパック缶 1缶分

エネルギー	200Kcal
タンパク質	8.5g
脂質	12.0g
炭水化物	12.6g
食塩相当量	Ø g

〈作り方〉

❶ じゃがいもは1cmの角切りにし、大豆ドライパックと一緒にキッチンペーパーで水気を拭き取り、じゃがいもと大豆に片栗粉をまぶす。

❷ フライパンにサラダ油を熱し、大豆とじゃがいもを揚げ焼きにする。じゃがいもに火が通ったら、カレー粉と塩・こしょうを加え、混ぜながら炒める。お好みでイタリアンパセリを添える。

＊子どもが食べ慣れていない大豆は、カレー味にすると食べやすくなります。

健康レシピPOINT

● 成長期の子どもにとって欠かせない食品は、脳細胞のエネルギー源であるブドウ糖(糖質)を多く含むごはん、パン、麺類、イモ類などです。

● 脳の働きを活発にし、記憶力を高めるとされているレシチンを多く含む卵の黄身や大豆製品も意識して摂るようにしましょう。ビタミン、ミネラルが豊富な食材をしっかり摂り、バランスのよい食事を心がけてください。

発酵食品・みそで健康に！

みその原料の大豆には、良質のタンパク質が豊富に含まれます。
この大豆が発酵によって、アミノ酸やビタミンなどが
多量に生成され、栄養的に優れた食材となります。
健康のために、毎日の食事に加えていただきたいのがみそ汁です。
具材に缶詰を使った、超スピード調理法をご紹介しましょう。

銀杏《ぎんなん》と花《はな》麩《ふ》のみそ汁

**スタミナ食材の銀杏に、
植物性タンパク質・低カロリーの
麩を加えて**

〈材料〉

はごろも ぎんなん（1缶55g）……3個
花麩……3個
和風だしの素（顆粒）……小さじ1/3
みそ……小さじ1
熱湯……3/4カップ（150cc）

〈作り方〉

❶ 大きめのカップに和風だしの素、みそ、熱湯を入れてよく混ぜ、その中に銀杏と花麩を入れる。
❷ 電子レンジで2分加熱する。

なめことわけぎのみそ汁

**ヌメリのもとムチンで
胃の粘膜を保護**

〈材料〉

K&K国産なめこ水煮（1缶80g）
　……お好みで1/2缶
わけぎ 小口切り……お好みで
和風だしの素（顆粒）……小さじ1/3
みそ……小さじ1
熱湯……3/4カップ（150cc）

〈作り方〉

❶ 大きめのカップに和風だしの素、みそ、熱湯を入れてよく混ぜ、その中になめこを入れる。

❷ 電子レンジで2分加熱し、小口切りのわけぎを散らす。

たけのことあおさのりのみそ汁

高血圧予防に最適の具材

〈材料〉

たけのこ水煮缶……30g
あおさのり……3g
和風だしの素（顆粒）
　……小さじ1/3
みそ……小さじ1
熱湯……3/4カップ（150cc）

〈作り方〉

❶ 大きめのカップに和風だしの素、みそ、熱湯を入れてよく混ぜ、その中にたけのこ水煮を入れる。

❷ 電子レンジで2分加熱する。最後にあおさを散らす。

朝食献立例

フルーツヨーグルト

はごろもフーズ朝からフルーツミックス缶（100g）
……お好みで1/2缶
ヨーグルト……お好みで100g

なめことわけぎのみそ汁

（123ページ参照）

慌ただしい朝に、手間なし時短メニュー

さば春菊サラダ

(28ページ参照)

玄米ごはん

稲荷堂本舗
玄米ご飯(1缶300g)……1/2缶(150g)

トマトジュースのガスパチョ風

〈材料〉

カゴメ食塩入りトマトジュース（1缶190ml）
……1缶

きゅうり（みじん切り）……お好みで少々（20g）

おろしにんにく……少々

オリーブ油……適量

〈作り方〉

器に冷やしたトマトジュースを入れ、おろしにんにくを加えて混ぜる。きゅうりはみじん切りにして塩少々（分量外）でもみ、上から散らしオリーブ油を回しかける。

今日は、「おうちカフェ」を楽しむ日

豆コーンサラダ
（114ページ参照）

簡単カニのエッグベネディクト
（82ページ参照）

夕食献立例 ❶

コーンの中華風クリーミー豆腐
（118ページ参照）

ヘルシー＆ローカロリーがうれしい！

銀杏と花麩のみそ汁
（122ページ参照）

ココナッツミルクぜんざい

〈材料〉

ユウキココナッツミルク（1缶400ml）……お好みで150cc
はごろもフーズゆであずき（1缶190g）……お好みで50g

〈作り方〉

大きめのカップにココナッツミルクを入れて電子レンジで1分半加熱する。あずき煮を加える。

いわしのトマトハンバーグ
（36ページ参照）

夕食献立例 ❷

食べても胃もたれなし

鶏ささみの梅とろろ

（106ページ参照）

マッシュルームスープ

〈材料〉

K&Kマッシュルーム ランダムスライス（50g）……お好みで
和風だしの素（顆粒）……小さじ1/3
塩……少々
熱湯……3/4カップ（150cc）
ごま油……少々
白ごま……少々

〈作り方〉

❶ 大きめのカップに和風だしの素、塩、熱湯を入れてよく混ぜ、その中にマッシュルームを入れる。
❷ 電子レンジで2分加熱する。最後にごま油を回しかけ、白ごまを散らす。

消化がいいので、がっつり

トーヨーフーズ美女缶スイーツ

チーズケーキ……適量

焼き鳥ビビンバ丼

（100ページ参照）

おわりに

缶詰のレシピを考えるにあたって、私が心がけたこと。それは、「誰でも簡単につくれること」、「栄養バランスが整っていること」、そして「おいしいこと」です。

缶詰は比較的安価で、長期保存ができて、非常時にも力を発揮してくれる心強い味方。使い慣れていない方も多いかもしれませんが、缶詰には色々な種類があり、お弁当、ごはん、おかず、汁物、おつまみ、おやつと、幅広く利用できる便利な食材です。そんな缶詰を、おいしく、より健康的に食べられるようにと、一生懸命、レシピを考えました。

本書に載っているレシピは「手間いらず」――とても簡単です。作り方はもちろんですが、使っている食材、調味料も普段から手に入りやすいものばかりを使いました。

通常、料理の撮影現場ではアシスタントが必要になるものですが、本当に「手間いらず」なので、今回の撮影はひとりでどんどんつくることができました。それに何と言っても買い物が楽。通常だと、撮影の前日は買い物に奔走するのですが、缶詰であれば、一か月前から買い置きが可能です。おかげで冷蔵庫も撮影用の食材のためにパンパン、ということにならずにすみました。缶詰のよさを再認識した次第です。

レシピ通りにつくればもちろんおいしくできますが、材料や分量が変わっても大丈夫。缶詰はそのまま食べられるように、味もついているので、失敗することはほとんどありません。今日からぜひ献立の中に缶詰レシピを取り入れてみてください。

本書のために素敵な備前焼の器を提供してくださった備前焼作家の戸川博之様、どうもありがとうございます。器のおかげで、お料理がさらに輝きました。

おいしくて栄養バランスが整った手料理を、ひとりでも多くの方に気軽に楽しんでほしいと心から願っております。

二〇一五年　新春

今泉マユ子

今泉マユ子

Imaizumi Mayuko

1969年生まれ。神奈川県横浜市在住。管理栄養士、日本災害食学会災害食専門員。食育指導士。関東学院女子短期大学家政学科食物栄養専攻卒業後、栄養士として富士通リフレに入社。結婚退社後、佐々木病院勤務を経て、3年間、中国南京に駐在。帰国後、横浜市の保育園に管理栄養士として 8年間勤務。現在、缶詰の商品開発に携わるほか、横浜市水道局認定の水のマイスター、日本野菜ソムリエ協会認定の JUNIOR野菜ソムリエ、JFCS認定のフードライフコーディネーターとして活躍中。公式ホームページは

http://www.office-rm.com/profile

体と心がよろこぶ
缶詰「健康」レシピ

2015年1月18日［初版第1刷発行］

著　者　今泉マユ子

発行者　藤木健太郎
発行所　清流出版株式会社
東京都千代田区神田神保町3-7-1
〒101-0051
電話　03-3288-5405
〈編集担当〉松原淑子
http://www.seiryupub.co.jp/
印刷・製本　大日本印刷株式会社

乱丁・落丁本はお取替えします。
ISBN 978-4-86029-426-7